합격을 꿰뚫는
면접 전략

합격을 꿰뚫는
면접 전략

초판 1쇄 발행 2025년 11월 18일

지은이 육은혜
펴낸곳 ㈜에스제이더블유인터내셔널
펴낸이 양홍걸 이시원

홈페이지 siwonbooks.com
블로그 · 인스타 · 페이스북 siwonbooks
주소 서울시 영등포구 영신로 166 시원스쿨
구입 문의 02)2014-8151
고객센터 02)6409-0878

ISBN 979-11-7550-032-7 03320

시원북스는 ㈜에스제이더블유인터내셔널의 단행본 브랜드
입니다.

독자 여러분의 투고를 기다립니다.
책에 관한 아이디어나 투고를 보내주세요.
siwonbooks@siwonschool.com

면접관 뇌를 해킹하라! 당락을 가르는 결정적 기술

합격을 꿰뚫는
면접 전략

육은혜 지음

시원
북스

당신은 면접에서 왜 떨어졌다고 생각하는가? 그 질문에 답하기 위해, 당신의 기억을 잠시 파헤쳐보라. 아마 당신은 완벽한 답변을 준비하지 못했거나, 결정적인 순간에 말을 더듬었거나, 혹은 그저 운이 없었다고 생각할 것이다.

하지만 나는 단언한다. 당신이 떨어진 진짜 이유는 그 모든 것이 아니다. 당신은 면접이라는 게임의 규칙을 단 한 번도 제대로 이해한 적이 없기 때문이다. 당신은 면접을 실력과 스펙을 겨루는 '지식의 시험'으로 여겼고, 면접관을 당신에 대해 객관적으로 평가할 '공정한 심사위원'으로 착각했다. 이 낡고 비참한 착각이야말로, 당신이 면접이라는 무대에서 반복적으로 실패하는 가장 근본적인 이유다.

당신의 뇌는 긴장 속에서 정답을 찾아 헤맸지만, 면접관의 뇌는 당신의 '답변'이 아니라 '패턴'을 읽고 있었다. 당신은 자기소개를 할 때 당신의 일대기를 구구절절 늘어놓으며 면접관을 지루하게 만들었다. 당신은 꼬리 질문 앞에서 솔직함과 진정성이라는 미명 아래, 당신의 진짜 약점을 고백하는 실수를 저질렀다. 당신은 면접관의 무표정에 위축되었고, 그의 압박에 무너졌다. 이 모든 것은 당신이 틀린 답을 했기 때문이 아니다. 면접관의 심리를 읽고, 상황을 통제하는 '전략'이 없었기 때문이다.

이 책은 당신의 잘못된 믿음을 파괴하는 것에서 시작한다. 나는 당신에게 단순히 '외울 수 있는 모범 답안'을 던져주지 않는다. 그보다 훨씬 강력한 것을 건넨다. 어떤 질문이 와도 당신만의 **완벽한 답변을 즉석에서 만들어낼 수 있는 '답변 생성 구조'**를 알려주겠다. 이 구조는 당신의 모든 경험을 논리적이고 설득력 있는 스토리로 변환시키는 시스템이다. 거기에 더해 **실전에서 바로 써먹을 수 있는 '워크지'**까지 완비했다. 이론만 배우고 끝나는 것이 아니라, 직접 연습하고 체득할 수 있도록 단계별 실습 과정을 꼼꼼히 설계하였다.

이 설계도는 당신의 모든 경험을 단순한 이력이 아닌, 당신의 가치를 증명하는 무기로 바꿀 것이다. 실수는 위기가 아니라 전환의 기회가 될 것이고, 불안은 확신으로 바뀌어 당신을 합격이라는 문으로 이끌 것이다.

우리가 함께 만들 설계도는 정교하고 치밀하다.

첫째, 면접관의 머릿속을 실시간으로 해독하는 '심리 분석 기술'.

둘째, 어떤 질문이 와도 당신만의 완벽한 스토리로 변환시키는 '실전 답변 공식'.

셋째, 면접의 판 자체를 당신에게 유리하게 뒤집는 '상황 장악 전략'.

마지막으로, 실수마저도 당신의 매력으로 승화시키는 '위기 돌파 기술'이다.

이 네 가지 무기가 완성되면, 당신은 면접을 위해 사는 것이 아니라, 면접조차 자연스러운 삶의 일부로 만드는 '면접형 인간'이 된다.

면접형 인간은 면접 당일에 태어나지 않는다. 합격자는 매일의 삶 속에서 조금씩 다져진다. 당신이 이 책을 덮는 순간부터 시작해야 할 일은 단순하다. 감사하는 마음을 기록하고, 스스로에게 불편한 질문을 던지며, 작은 행동 하나도 끝까지 마무리하는 것. 이 세 가지 습관이 쌓이면, 어느 날 면접장에 들어섰을 때 '합격

체질'이라는 아우라로 드러난다.

이제 모든 낡은 생각을 버려라. 그리고 이 책이 제안하는 새로운 규칙에 따라, 당신의 인생을 바꿀 단 한 번의 게임을 시작하라.

면접은 끝나지만, 삶은 계속된다. 그리고 면접형 인간은 그 삶 전체를 합격으로 만들어낸다.

육은혜

PART

PART 1 면접은 심리전이다
면접관 뇌를 해킹하라

PART 4

질문 해부와 답변 전략
질문의 칼끝을 기회로 바꿔라

면접은 심리전이다

면접관 뇌를 해킹하라

CHAPTER 1

면접은 실력 검증이 아니다, 권력 게임이다

대부분 면접은 실력을 증명하는 시험이라고 착각한다. 그것이 바로 당신이 번번이 탈락하는 가장 근본적인 이유다. 면접은 당신의 화려한 스펙이나 유창한 말솜씨를 평가하는 자리가 아니다. **면접은 철저히 계산된 심리전이며, 보이지 않는 권력을 누가 장악하는가의 문제**이다. 당신이 '을'의 위치에서 평가받기를 기다리는 순간, 게임은 이미 끝났다.

💡 나는 '평가받는 존재'라는 착각

면접장에 들어서며 스스로에게 '나는 오늘 평가받는 존재'라는 낙인을 찍는 순간, 비극은 시작된다. 면접관은 채점표를 든 심사위원이고, 당신은 점수를 갈구하는 지원자라는 착각에 사로잡힌다. 이 프레임에 스스로를 가두는 순간, 당신은 이미 통제 불능의 상태로 추락하기 시작한다.

면접관의 굳은 표정, 무심코 돌리는 펜, 잠시 다른 곳을 보는 시선 그 모든 것이 당신을 향한 '불합격'의 신호처럼 느껴진다. 당신은 질문의 핵심을 파악하는 대신, 그의 눈썹이 1밀리미터 움직이는 이유를 해석하느라 모든 에너지를 소모한다. 당신의 논리와 가치관은 사라지고, 오직 '저 사람의 마음에 들어야 한다'는 생존 본능만이 당신의 주체성을 잃게 만든다. 또한, 당신은 자신의 말이 아닌, 어디선가 주워들은 '정답'을 앵무새처럼 읊조리기도 한다. 유튜브에서 본 '합격률 100% 1분 자기소개', 면접 스터디에서 돌려쓰는 '실패 경험 모범 답안'들은 당신의 경험과 고민에서 나온 살아있는 언어가 아니다. 영혼 없이 박제된 문장일 뿐이다. 면접관은 그럴싸한 갑옷의 주인이 당신이 아님을 10초 안에 간파한다. 진정성 없는 답변만큼 면접관을 지치게 하는 것은 없다.

그리고 당신은 예상치 못한 질문 하나에 공들여 쌓은 탑을 스스로 무너뜨리기도 한다. 당신이 외워온 스크립트의 범위를 벗어난 질문이 들어오는 순간 당신의 뇌는 하얗게 변한다. 실수를 만회하려 할수록 상황은 악화되고, 결국 당신은 스스로 "제가 준비한 답변은 여기까지입니다"라고 자백하는 꼴이 된다. **면접관이 보고 싶었던 것은** 당신의 암기력이 아니라, **예측 불가능한 상황에 대처하는 문제 해결력**이었다. 이 모든 참사는 단 하나의 착각에서 비롯된다. 바로 '나는 평가받아야 한다'는 그릇된 믿음이다.

💡 프레임을 지배하는 자가 면접의 승자

이 프레임 전쟁이 와닿지 않는 이유는 당신이 아직도 면접을 '대화'라고 생각하기 때문이다. 면접은 대화가 아니다. 각자가 원하는 것을 얻기 위해 상대를 자신의 논리 안에 가두려는 치열한 영역 다툼이다. 여기에 두 가지 프레임이 존재하며, 당신이 어떤 프레임 안에서 움직이는지가 당신의 운명을 결정한다.

법정에 선 피고인의 프레임은 면접관이 기본적으로 설정해 놓은 함정이다. 99%의 탈락자들이 스스로 걸어 들어가는 감옥이다. 이 프레임 안에서 당신은 "질문에 옳은 답을 해야 한다"고 생각한다. 이것이 바로 피고인의 논리다. 면접관은 검사처럼 당신의 빈틈을 파고들고, 당신은 어떻게든 무죄(탈락하지 않음)를 입증하려 애쓴다. 이 프레임의 끝에는 합격이 없다.

환자를 진단하는 의사의 프레임은 합격자가 이 판에 들어서는 순간, 프레임 자체를 뒤집어 버리는 것이다. 그는 의사의 역할을 선택한다. 이 프레임 안에서 당신은 "이 회사가 겪는 문제는 무엇인가?", "나의 경험이라는 '처방전'이 이 문제를 어떻게 해결할 수 있는가?"를 생각한다. 의사는 환자(면접관)에게 잘 보이기 위해 애쓰지 않는다. 대신 날카로운 질문으로 병의 원인을 파악한 뒤, 명확한 해결책을 제시하여 신뢰를 얻어낸다.

💡 권력의 축을 면접자에게 가져오는 3가지 기술

'의사'의 프레임을 당신의 것으로 만들기 위해 다음 세 가지를 기억해야 한다.

첫째, 역할을 재정의한다: '지원자'에서 '컨설턴트'로

가장 먼저, 당신의 역할을 재정의해야 한다. 당신은 일자리를 구걸하는 사람이 아니다. 이 회사가 가진 문제점을 진단하고, '나'라는 최적의 해결책을 제안하러 온 전문가다. 이 생각 하나만으로 당신의 눈빛, 말투, 태도는 180도 달라진다.

둘째, 답변을 재설계한다: '나의 경험'에서 '회사의 이익'으로 역할을 재정의했다면, 이제 답변을 재설계할 차례다. "저는 OO한 경험을 했습니다"에서 문장을 끝내지 않는다. "저의 OO한 경험은 귀사의 OO문제를 해결하는 데 직접적으로 기여할 수 있습니다"로 끝맺는다. 모든 답변의 종착지는 나의 과거가 아니라 회사의 미래여야 한다.

셋째, 해결책을 손에 쥐여준다: '경험 나열'에서 '가치 증명'으로 답변을 재설계하여 회사의 이익에 초점을 맞추었다면, 다음 단계로 해결책을 손에 쥐여주어야 한다. 수동적인 지원자는 "저는 OOO 역량이 있습니다"라고 말한다. 주도적인 지원자는 "귀사의 가장 큰 고민은 OOO으로 알고 있습니다. 저의 OOO 역량은 바로 그 문제를 해결하기 위해 최적화된 능력입니다"라고 말한다. 당신의 답변은 회사가 공개한 사업 보고서, 최근 뉴스 기사, 직무 기술서에 명시된 과제와 직접적으로 연결되어야 한다. 예를 들어, "제가 가진 데이터 분석 능력은, 귀사의 올 하반기 목표인 '고객 이탈률 5% 감소'에 직접적으로 기여할 수 있는 핵심 기술입니다."라고 말하는 순간, 당신은 단순 지원자에서 즉시 전력감으로 격상된다.

이제 당신은 알아야 한다. 면접 준비는 예상 질문에 대한 답변을 암기하는 행위가 아니다. 면접관이라는 '인간'의 불안과 기대를 파고들어, 나라는 존재를 거부할 수 없는 선택지로 만드는 고도의 전략 설계다. 이 책의 마지막 장을 덮을 때, 당신은 더 이상 평가가 두려운 지원자가 아닐 것이다. 면접이라는 권력 게임의 법칙을 이해하고, 상대를 지배하는 승리자로 거듭날 것이다.

CHAPTER 2

면접관의 그림자 심리,
불안과 편향을 역이용하라

당신은 면접관이 절대적으로 공정하고 이성적인 존재라고 착각한다. 그렇기에 당신은 늘 정공법으로만 승부하려다 처참하게 패배한다. 면접관은 신이 아니다. 그는 조직의 생존과 자신의 안위를 걱정하는 지극히 인간적인 존재다. 그의 머릿속은 수많은 인지적 오류와 감정적 허점으로 가득 차 있다. 이 허점을 이해하고 지배하는 자가 면접이라는 게임의 승자가 된다. 우리는 지금부터 면접관의 세 가지 그림자인 불안, 편향, 그리고 권위 욕구를 해부하여 당신의 합격을 위한 무기로 만드는 법을 배울 것이다.

💡 면접관의 불안, '잘못 뽑을지 모른다'는 공포 역이용

면접관의 가장 큰 불안은 '뛰어난 인재를 놓치는 것'이 아니라, **'잘못된 인재를 뽑는 것'에 대한 공포다.** 잘못된 채용은 자신의 무능을 증명하고, 팀을 파괴하며, 자신의 평판에 흠집을 내는 최악의 재앙이기 때문이다. 당신의 임무는 실력을 뽐내는 것이 아니라, 면접관의 이 불안을 잠재우고 '나를 뽑는 것이 가장 안전한 선택'이라는 확신을 심어주는 것이다.

이를 위해 스스로를 **'리스크 제거 장치'로 포지셔닝해야 한다.** 당신의 모든 성공 경험은 '얼마나 대단했는가'가 아니라 '얼마나 확실하게 문제를 해결했는가'의 관점에서 재구성되어야 한다. 예상치 못한 변수와 돌발 상황을 어떻게 통제하고 안정적으로 결과를 만들어냈는지 구체적으로 증명하는 것이다. 당신은 화려한 도박이 아니라, 수익률이 보장된 안전 자산임을 각인시켜야 한다. 불안은 불확실성에서 온다. 면접관의 불안을 제거하는 가장 확실한 마취제는 바로 객관적인 숫자다. "열심히 했습니다"와 같은 추상적인 표현을 버리고, "고객 만족도를 15% 상승시켰습니다", "프로세스 개선으로 비용을 7% 절감했습니다"처럼 측정 가능한 결과로 당신의 가치를 증명한다. 숫자는 반박할 수 없는 신뢰의 언어다. 또한, 면접관은 '손이 많이 가는 직원'을 병적으로 두려워한다. 그런 직원은 자신의 업무 시간을 갉아먹는 암적인 존재이기 때문이다. 당신은 지시받은 일만 잘하는 사람이 아니라, 문제가 발생했을 때 스스로 해결책을 찾고 실행하는 '자생력'을 갖춘 인재임을 보여줘야 한다. 과거 경험을 이야기할 때, 상사의 지시가 아니라 스스로 문제를 발견하고 해결했던 사례를 강조한다. 이것은 '나를 뽑으면 당신의 일이 줄어든다'는 가장 강력한 메시지다.

⚙ 무의식의 덫, 인지적 편향을 영리하게 이용하라

면접관은 당신을 객관적으로 평가하고 있다고 믿지만, 그의 뇌는 이미 수많은 편향의 지배를 받고 있다. 우리는 이 편향을 비난하는 대신, 영리하게 이용하여 우리에게 유리한 판을 설계해야 한다. 우선 '확증 편향'을 이용해 첫인상을 낙인처럼 찍어야 한다. 인간의 뇌는 첫인상이 형성되면, 그 인상을 뒷받침하는 정보만 선택적으로 받아들이고 반대 정보는 무시하는 경향에 빠진다. 당신은 1분 자기소개를 통해 "저는 문제를 해결하는 사람입니다"와 같은 강력한 '긍정의 꼬리표'를 스스로에게 붙여야 한다. 일단 꼬리표가 붙으면, 면접관은 면접 내내 당신의 답변 속에서 그 꼬리표를 증명할 근거만을 찾아 헤매게 될 것이다.

가장 강력한 성공 경험, 가장 임팩트 있는 성과는 면접 초반에 터뜨려야 한다. 이것은 하나의 강력한 장점이 다른 모든 특성까지 좋아 보이게 만드는 '후광 효과' 때문이다. 초반에 터진 당신의 필살기는 후광을 만들어내고, 이후에 드러나는 사소한 약점이나 부족한 답변마저 '그럼에도 불구하고' 괜찮아 보이게 만드는 착시를 일으킨다. 최고의 무기는 가장 먼저 던져 상대를 압도하는 데 쓰는 것이다.

마지막으로, '유사성의 원칙'으로 무의식적인 끌림을 만들어야 한다. 사람은 본능적으로 자신과 비슷한 사람에게 끌린다. 이것은 학연, 지연 같은 저급한 차원의 이야기가 아니다. 기업의 가치관, 직무에 대한 철학, 특정 문제에 대한 접근 방식 등에서 공통점을 찾아내고 그것을 자연스럽게 언급한다. "저 또한 OOO라는 가치를 업무에서 가장 중요하게 생각합니다", "말씀하신 OOO라는 문제 해결 방식에 깊이 공감합니다"와 같은 표현은 면접관의 뇌에 '이 사람은 나와 같은 부류다'라는 강력한 동질감을 심어, 무의식적인 호감을 이끌어낸다.

💡 숨겨진 에고, '조직의 권위'에 자신을 일치시켜라

면접관은 지원자를 평가하는 '갑'의 위치에 있다. 이때 그의 권위는 개인적인 능력에서 나오는 것이 아니라, 그가 '이 조직의 문지기이자 대리인'이라는 역할에서 나온다. 따라서 그의 숨겨진 에고를 가장 확실하게 충족시키는 방법은, 면접관 개인이 아닌 그가 대표하는 '조직의 위대함'에 당신이 깊이 동화되어 있음을 증명하는 것이다. 당신은 이제부터 '나를 알아달라'고 외치는 대신, '나는 이미 당신들의 일부'임을 보여줘야 한다.

첫째, 회사의 '공식적인 목표'에 나를 일치시켜야 한다. 면접관 개인의 고민이 아닌, 회사가 공식적으로 천명한 비전과 목표에 당신을 연결한다. 이는 CEO의 신년사, 사업 보고서, 핵심 프로젝트 등에서 찾을 수 있다. "귀사의 올해 가장 큰 목표가 '글로벌 시장 확장'이라고 알고 있습니다. 제가 지난 5년간 쌓아온 해외 영업 경험과 OOO 능력을 통해 이 목표에 즉시 기여할 수 있다고 확신합니다." 이 말은 당신이 회사의 가장 중요한 과업에 동참할 준비가 된, 충성심 높은 인재라는 사실을 각인시킨다.

둘째, 나를 '조직의 사명'을 실현하는 실행자로 제안해야 한다. 개인의 성공이 아니라, 조직 전체가 추구하는 더 높은 차원의 '사명(Mission)'에 당신의 역량을 바치겠다고 제안한다. "제가 이 회사에 지원한 가장 큰 이유는 '사람들의 삶을 풍요롭게 한다'는 귀사의 사명에 깊이 공감하기 때문입니다. 제가 가진 OOO 기술은 이 위대한 사명을 현장에서 구현할 수 있는 가장 현실적인 도구라고 생각합니다." 이것은 당신의 직업의식을 한 단계 높은 수준으로 보여주며, 면접관으로 하여금 당신을 단순히 돈을 버는 직장인이 아니라, 같은 꿈을 꾸는 동반자로 여기게 만든다.

셋째, 회사의 '일하는 방식'에 대한 깊은 존중을 표해야 한다. 결과물뿐만 아니라, 그 결과를 만들어내는 조직 특유의 '문화나 프로세스(the way)'에 대한 존중을 보여준다. 이는 당신이 조직에 순조롭게 융화될 수 있는 사람임을 증명하는 가장 확실한 신호다. "특히 귀사가 신제품을 개발할 때 사용하는 OOO 방법론에 대해 깊은 인상을 받았습니다. 이는 제가 추구하는 '데이터 기반의 빠른 실행'이라는 업무 철학과도 완벽하게 일치하여, 최고의 시너지를 낼 수 있다고 생각합니다." 면접관은 당신에게서 조직의 질서를 이해하고 그 안에서 성과를 낼 줄 아는 현명한 인재의 모습을 발견할 것이다.

이것이 면접관의 가면 뒤에 숨겨진 진짜 얼굴이다. 당신은 이제부터 그의 불안을 먹고 자라며, 그의 편향을 길들이고, 그의 권위를 채워주며, 마침내 합격이라는 결과를 쟁취하는 고도의 심리 전략가가 되어야 한다.

CHAPTER 3

30초 첫인상 효과,
합격으로 뒤집는 라벨링 전략

당신은 첫인상이 깔끔한 옷차림과 밝은 미소로 결정된다는 안일한 착각에 빠져있다. 그것은 첫인상이 아니라, 면접이라는 게임에 참여하기 위한 최소한의 입장료에 불과하다. 진짜 승부는 입장료를 낸 뒤, **단 30초 안에 상대의 뇌에 당신을 상징하는 '꼬리표(Label)'를 박아 넣는 '심리 각인' 작업에서 결정된다.** 이 작업에 성공하면, 당신의 사소한 실수는 '옥에 티'로 포장되고, 평범한 답변은 '역시'라는 감탄으로 해석된다. 이것이 바로 불합격마저 합격으로 뒤집는 '라벨링 효과'의 본질이다.

💡 '인지적 구두쇠'를 지배하여 뇌의 지름길을 장악하라

인간의 뇌, 특히 바쁘고 지친 면접관의 뇌는 에너지를 아끼려는 '인지적 구두쇠(Cognitive Miser)'다. 그는 당신의 복잡한 경험과 잠재력을 하나하나 분석할 시간도, 의지도 없다. 대신 당신이 입장하는 순간부터 30초 안에 '이 사람은 어떤 종류의 인간인가'를 빠르게 판단하고, 거대한 서랍장 중 한 곳에 당신을 집어넣어 버린다.

일단 '쓸모없는 지원자'라는 서랍에 들어가는 순간, 당신이 무슨 말을 해도 면접관은 당신의 단점만 찾아내려는 '확증 편향'의 덫에 빠진다. 반대로, '핵심 인재'라는 서랍에 들어가는 데 성공하면 면접 내내 당신의 말과 행동에서 그 증거만을 수집하게 된다. 3년간의 경력이 단 30초의 심리적 판단에 의해 무력화되거나 혹은 몇 배로 증폭되는 것, 이것이 면접의 잔인한 진실이다.

💡 라벨링 전략, 당신을 증명할 핵심 키워드 설정

면접장에 들어가기 전, 당신은 자신에게 붙일 '라벨'을 단 하나, 전략적으로 결정해야 한다. 이것은 당신의 모든 경험과 역량을 하나로 꿰뚫는 핵심 키워드이자, 면접관의 뇌에 심어놓을 당신의 이름표다. 이 라벨은 반드시 지원하는 직무와 회사가 가장 갈망하는 가치와 일치해야 한다. 당신의 수많은 경험 중 이 라벨을 증명할 가장 강력한 근거는 무엇인가? 그 근거를 바탕으로 당신의 라벨을 확정한다. 이제 남은 것은 이 라벨을 30초 안에 상대에게 각인시키는 일뿐이다.

30초 안에 라벨을 심는 법은 다음과 같다. 입장 후 30초는 당신이 준비한 라벨을 상대에게 각인시킬 유일한 골든타임이다. 이 시간 안에 다음 세 단계를 실행해야 한다.

1단계 (0~5초): 태도로 라벨을 예고한다. 문이 열리고 당신이 걸어 들어오는 단 5초, 면접관은 당신의 태도에서 라벨의 종류를 예측한다. '성장 엔진'이라면 자신감 있고 에너지 넘치는 걸음걸이를, '안정적인 해결사'라면 차분하고 신뢰감 있는 자세를 보여준다. 당신의 몸은 당신의 라벨을 담는 그릇이다.

2단계 (5~10초): 눈빛과 첫마디로 라벨의 닻을 내린다. 자리에 앉아 면접관과 눈을 맞추는 순간, 당신은 라벨에 걸맞은 눈빛을 보내야 한다. 그리고 평범한 인사를 넘어, 당신의 라벨을 담은 첫 문장을 던질 준비를 한다. 이것이 바로 심리적 '앵커링(Anchoring)'의 시작이다. 인간의 뇌가 처음 제시된 정보(앵커, 닻)를 기준으로 삼아 이후의 모든 판단을 내리는 '앵커링 효과'는 면접에서 당신의 정체성에 닻을 내리는 순간 발휘된다. '성과를 만들어내는 해결사'라는 강력한 앵커를 내리면, 면접관은 당신을 훨씬 더 높은 기준으로 평가하며 모든 답변을 그 긍정적인 프레임 안에서 해석하게 된다.

3단계 (10~30초): 첫 문장으로 라벨을 선포한다. 자기소개의 첫 문장은 당신의 라벨을 공식적으로 선포하는 자리다. 당신의 문장이 왜 실패하고, 합격자의 문장은 어떻게 다른지 직접 비교하여 그 차이를 뇌리에 새겨야 한다.

직무별 탈락자&합격자 라벨 비교 사례

1) 마케터

✓ **탈락자의 문장 (Before)**

"안녕하십니까, 마케팅 직무에 지원한 OOO입니다. 저는 대학에서 마케팅을 전공하며…"

✓ **합격자의 문장 (After)**

"안녕하십니까, 회사의 광고비를 고객의 매출로 바꾸는 일에 가장 자신 있는 마케터, OOO입니다."

전략 해설

'나의 전공'이라는 과거 사실을 나열하는 대신, '광고비를 매출로 바꾼다'는 직접적인 가치를 제시한다. 이는 면접관의 머릿속에 '이 지원자는 돈을 쓸 줄 아는 사람이 아니라, 돈을 벌어다 줄 사람이구나'라는 확신을 심어준다.

2) 영업

✅ **탈락자의 문장 (Before)**

"안녕하십니까, 영업 직무에 지원한 OOO입니다. 저는 활발하고 사교적인 성격을 가졌습니다."

✅ **합격자의 문장 (After)**

"안녕하십니까, 한 번의 판매가 아닌 평생의 팬을 만드는 것을 목표로 삼는 영업 전문가, OOO입니다."

(전략 해설)

누구나 할 수 있는 성격 자랑을 넘어, '고객 생애 가치(LTV)'라는 더 높은 차원의 전략을 이해하고 있음을 암시하며 격의 차이를 보여준다.

3) 개발자

✅ **탈락자의 문장 (Before)**

"안녕하십니까, 개발자 OOO입니다. 저는 꼼꼼한 성격으로 버그 없는 코드를 만들기 위해 노력해왔습니다."

✅ **합격자의 문장 (After)**

"안녕하십니까, 비즈니스의 문제를 코드로 해결하는 것을 즐기는 개발자, OOO입니다."

(전략 해설)

'꼼꼼함'이라는 막연한 장점 대신, '비즈니스 문제 해결'이라는 구체적인 목표 의식을 보여준다. 모든 회사가 찾는 '소통 가능한 개발자'임을 어필한다.

4) 신입

✓ 탈락자의 문장 (Before)

"안녕하십니까, OOO입니다. 저는 열정과 배우려는 자세를 바탕으로 무엇이든 열심히 할 준비가 되어 있습니다."

✓ 합격자의 문장 (After)

"안녕하십니까, 팀의 성공 공식을 가장 빠르게 흡수하여 1인분 이상을 해낼 신입, OOO입니다."

전략 해설

'열정'이라는 증명할 수 없는 태도 대신, '1인분 이상'이라는 구체적인 목표를 제시하여 신입답지 않은 당돌함과 주도적인 태도를 각인시킨다.

라벨은 당신의 모든 것을 지키는 방패다. 일단 '성과를 내는 마케터'라는 라벨이 성공적으로 각인되면, 당신이 특정 툴에 대한 경험이 조금 부족하더라도 면접관은 이렇게 생각하게 된다. "성과를 내는 사람이니, 저 정도 툴은 금방 배우겠군." 당신의 라벨이 당신의 사소한 약점을 방어하고, 모든 강점을 증폭시키는 무적의 방패가 되는 것이다. 첫인상은 운이 아니다. 철저히 계산되고 설계된 심리 기술이다.

당신의 라벨과 첫 문장이 완성되었다면, 이제 당신의 뇌를 훈련시킬 차례다. 면접은 머리로 외운 문장을 뱉는 게임이 아니다. 이제 거울 앞에 서서 당신의 라벨을 직접 소리 내어 말하고, 그에 맞는 태도와 눈빛을 연습하라. 당신의 라벨은 오직 당신의 입과 몸에 새겨질 때 비로소 강력한 무기가 된다. 이제 당신의 차례다.

나만의 라벨링 전략 워크지

이 페이지를 덮기 전, 바로 당신의 라벨을 찾아라. 당신의 손으로 직접 쓰고 말하며 연습할 때, 당신의 라벨은 비로소 면접관의 뇌리에 각인된다.

STEP 1: 나의 '핵심 라벨' 발굴하기

면접장에 들어가기 전, 당신의 강점과 경험을 압축한 단 하나의 캐릭터 키워드를 정해야 한다. 이것이 바로 당신의 라벨이다.

1-1 강점 키워드 추출

Q 나의 '강점'을 3개 적어보자.

예 문제해결력, 추진력, 소통능력, 분석력, 창의성, 리더십 등

1. _____

2. _____

3. _____

Q 위 3개 중 가장 자신있고, 증명 가능한 강점 1개를 선택해 적어보자.

- 선택한 강점: _____

1-2 증명 경험 발굴

Q 그 강점을 가장 잘 보여주는 나의 '대표 경험'을 적어보자.

✔ TIP! 가장 성공적이었거나, 가장 어려웠던 순간을 떠올려라. 구체적인 상황, 행동, 결과를 포함하라.

- 상황: _____

- 행동: _____

- 결과: _____

1-3 회사 니즈 연결

Q 지원하는 회사/직무에서 가장 원하는 인재상을 적어보자.

✔ TIP! 채용공고, 회사 소개서, 직무 설명서를 다시 읽어보라.

- 회사가 원하는 인재: ------------------------------------

Q 나의 강점이 그 니즈와 어떻게 연결되는지 적어보자.

- 연결점: ------------------------------------

1-4 캐릭터 라벨 완성

Q 위의 내용을 바탕으로 나를 정의하는 '캐릭터 라벨'을 만들어보자.

예 성과 창출형 : 숫자로 증명하는, 목표 달성 전문가, ROI를 만드는
문제 해결형 : 위기를 기회로 바꾸는, 복잡함을 단순하게 만드는, 막힌 길을 뚫는
성장 지향형 : 끊임없이 업그레이드하는, 트렌드를 앞서가는, 한계를 돌파하는
협업형 : 팀의 시너지를 이끌어내는, 소통의 다리 역할을 하는, 갈등을 해결하는
혁신형 : 새로운 방법을 찾는, 기존 방식에 의문을 던지는, 변화를 주도하는

- 나의 캐릭터 라벨: ------------------------------------

STEP 2: '합격자의 문장' 설계하기

아래의 공식을 따라, 당신의 라벨을 적용한 자기소개 첫 문장을 만들어라.

2-1 핵심 요소 준비

Q 당신의 '캐릭터 라벨'을 활용해 자신을 한 줄로 정의하여 적어보자. (캐릭터 선언)

예 숫자로 말하는 마케터, 위기를 기회로 바꾸는 개발자

- 나의 캐릭터 선언: ------------------------------------

Q 그 캐릭터가 '진실'임을 증명할 구체적 경험을 적어보자. (핵심 경험)

예 데이터 분석을 통해 광고 효율을 높인 경험, 서버 장애 상황에서 5분만에 복구한 경험

■ 나의 핵심 경험: ....

Q 그 경험을 통해 얻은 '숫자'나 '변화'를 명확히 적어보자. (구체적 결과)

예 비용 15% 절감 + 신규고객 20% 증가, 서비스 중단 시간 90% 단축

■ 나의 결과: ....

2-2 문장 조합하기

문장 기본 공식

예 "안녕하십니까, (캐릭터 선언) OOO입니다. (핵심 경험)을 통해 (구체적 결과)를 달성했습니다."

직무별 완성 예시

■ 마케터

"안녕하십니까, 데이터로 성과를 증명하는 마케터 OOO입니다. A/B 테스트와 고객 행동 분석을 통해 광고비는 15% 절감하면서 신규 고객은 20% 더 확보했습니다."

■ 영업

"안녕하십니까, 고객의 평생 파트너가 되는 영업 전문가 OOO입니다. 판매 후 지속적인 관계 관리를 통해 재계약률 85%를 달성하고 고객 추천으로 신규 매출을 30% 늘렸습니다."

■ 개발자

"안녕하십니까, 비즈니스 문제를 코드로 해결하는 개발자 OOO입니다. 사용자 불편 신고를 분석해 핵심 기능을 개선하여 앱 이탈률을 25% 줄이고 사용 시간을 40% 늘렸습니다."

- 신입:

"안녕하십니까, 학습 속도로 경험을 따라잡는 신입 OOO입니다. 관련 프로젝트를 미리 진행해 실무 기술을 습득했고, 동기들보다 3개월 빨리 독립적인 업무 수행이 가능합니다."

- 나의 완성 문장:

"안녕하십니까, ＿＿＿＿＿＿＿＿＿＿ OOO입니다. ＿＿＿＿＿＿＿＿＿＿를

통해 ＿＿＿＿＿＿＿＿＿를 달성했습니다."

STEP 3: 실전 연습 체크리스트

문장을 완성했다면, 이제 당신의 몸과 뇌에 각인시킬 차례다.

1) 거울 연습 (최소 10회)

- ☑ 거울을 보며 자신감 있는 표정과 자세로 연습했는가?
- ☐ 라벨에 맞는 눈빛과 톤으로 말할 수 있는가?

2) 시간 체크 (20~30초 목표)

- ☐ 첫 문장이 20~30초 안에 자연스럽게 나오는가?
- ☐ 너무 빠르거나 느리지 않은 적절한 속도인가?

3) 진정성 체크

- ☐ 외운 티가 나지 않고 자연스럽게 말할 수 있는가?
- ☐ 내 경험과 감정이 진짜로 담겨있는가?

4) 연결성 체크

- ☐ 첫 문장 이후 이어질 구체적인 스토리를 준비했는가?
- ☐ 예상 질문에 대한 후속 답변까지 연결되는가?

최종 점검: 나의 라벨링 전략

■ 나의 핵심 라벨: ＿＿＿＿＿＿＿＿＿＿＿＿＿＿＿＿＿＿＿＿＿

■ 완성된 첫 문장: ＿＿＿＿＿＿＿＿＿＿＿＿＿＿＿＿＿＿＿＿

■ 예상되는 면접관 반응: ＿＿＿＿＿＿＿＿＿＿＿＿＿＿＿＿＿

■ 후속 질문 대비 스토리: ＿＿＿＿＿＿＿＿＿＿＿＿＿＿＿＿

CHAPTER 4

합격 3대 원칙,
게임 체인저가 되는 세 가지 무기

주변에 있는 취업 전문가와 합격 선배들이 당신에게 독처럼 주입한 세 가지 단어가 있다. 바로 '진정성, 논리, 태도'다. 그리고 당신은 이 낡은 주문을 부적처럼 믿다가, 면접장에서 처참하게 실패했다. 왜 실패했는가? 진정성이 부족해서? 논리가 부족해서? 태도가 나빠서? 아니다. 문제는 당신이 이 단어들의 진짜 의미를 단 한 번도 의심해 본 적 없다는 것이다. 당신이 지금까지 배운 그 단어들은, 전쟁터인 실제 면접에서 오히려 당신의 발목을 잡는 족쇄일 뿐이다. 이제부터 '진정성, 논리, 태도' 이 세 단어를 당신의 발목을 잡는 족쇄가 아닌 면접관의 뇌를 지배하는 날카로운 심리 무기로 바꿀 것이다. 당신이 '상식'이라고 믿었던 모든 것을 파괴할 준비를 하라.

💡 진정성: '솔직함' 대신 '일관성'

많은 지원자들이 진정성을 '거짓말하지 않고 솔직하게 나를 보여주는 것'이라고 생각한다. 그래서 자신의 불안한 내면이나 치명적인 약점까지 드러내는 실수를 하곤 한다. 하지만 면접관이 원하는 진정성은 당신의 영혼이 아니다. 그가 확인하고 싶은 것은 당신이라는 존재의 '신뢰도'다. 진정성이란 당신이 스스로에게 붙인 '라벨', 당신의 이력서, 그리고 당신이 면접장에서 하는 모든 말이 하나의 이야기로 완벽하게 일관되는 상태를 의미한다. '데이터로 성과를 내는 마케터'라는 라벨을 붙였다면, 당신의 모든 경험과 답변은 이 하나의 목표를 향해 정렬되어야 한다. 이 완벽한 일관성은 면접관의 뇌에 '이 사람은 믿을 수 있다', '말과 행동이 일치하는 안정적인 사람이다'라는 강력한 신뢰를 심는다. 당신의 답변이 흔들리는 이유는 진정성이 없어서가 아니라, '전략적 일관성'이 없기 때문이다. 면접관은 당신의 작은 거짓말을 잡아내는 탐정이 아니다. 그는 당신의 이야기에서 불협화음과 모순점을 찾아내 '리스크'를 감지하는 투자자다. 당신의 모든 답변이 스스로 설정한 라벨을 뒷받침하는 '증거'가 되도록, 모든 서사를 하나의 줄기로 연결하자. 이것이 합격을 부르는 진정성이다.

💡 논리: '똑똑함'보다 '편안함'

당신은 논리적인 답변이 자신의 명석한 두뇌를 증명하는 방법이라고 생각한다. 반은 맞고 반은 틀렸다. 면접관은 당신의 논리력 그 자체보다, 논리적인 답변이 주는 정신적 편안함 때문에 당신을 선호한다. 수많은 지원자에게 지쳐있는 면접관의 뇌는 '인지적 구두쇠' 상태다. 그는 복잡하고 장황한 이야기를 해석하는 데 정신적 에너지를 쓰고 싶어 하지 않는다. 당신의 논리적인 답변(가령 STAR 기법)은 복잡한 정보를 뇌가 처리하기 가장 쉬운 형태로 가공하여 떠먹여주는 것과 같다. 면접관은 당신의 논리적인 답변을 들으며 무의식적인 편안함과 쾌감을 느끼고, 그 긍정적인 감정을 당신이라는 사람과 연결시키기 때문에 **'결론부터', '구조적으로' 답변을 말해야 한다.** 그 이유는 단순히 명료하기 때문이 아니라 그것이 상대의 뇌에 가해지는 부하를 최소화하는 가장 효율적인 방법이기 때문이다. 복잡한 질문일수록 "결론부터 말씀드리면 세 가지 이유가 있습니다. 첫째..." 와 같이 구조를 먼저 제시한다. 당신의 똑똑함을 뽐내기 위해 답변을 어렵게 만들지 마라. 상대를 가장 편안하게 만드는 자가 가장 똑똑한 사람이다.

🔆 태도: '지원자'에서 '동료'로

밝고 긍정적인 태도는 아르바이트생에게나 필요한 덕목이다. 프로페셔널의 세계에서 태도란, 당신이 이 조직과 어떤 관계를 맺을 것인지를 미리 보여주는 전략적인 신호다. 합격하는 사람의 태도는 '잘 부탁드립니다'라며 고개를 조아리는 지원자의 태도가 아니다. '이 문제를 어떻게 함께 해결할 수 있을까요?'라고 묻는 '이미 합류한 동료' 또는 '외부 전문가'의 태도다. 그들은 면접관의 눈치를 보거나 정답을 갈구하지 않는다. 대신 차분한 자신감과 대등한 시선으로 '업무' 그 자체에 집중한다. 이 태도는 면접관에게 '이 사람은 채용하는 순간부터 손이 가지 않겠구나', '우리와 같은 레벨에서 대화가 통하는구나'라는 강력한 확신을 준다. 면접장에 들어서는 순간, '나는 평가받으러 온 것이 아니라, 이 회사의 문제를 진단하고 해결책을 제안하러 온 컨설턴트다'라고 스스로를 세뇌한다. 면접관의 질문을 나에 대한 평가로 받아들이지 말고, 해결해야 할 과제로 인식한다. 이 프레임 전환 하나만으로 당신의 말투, 표정, 자세는 완전히 달라진다. 이것이 진짜 게임 체인저로서의 태도다.

진정성으로 신뢰를 얻고, 논리로 설득하며, 태도로 확신시킨다. 이 세 가지는 별개의 원칙이 아니다. 진정성(일관된 서사)이라는 탄탄한 기반 위에, 논리(뇌가 편한 구조)라는 기둥을 세우고, 태도(동료라는 프레임)라는 지붕을 얹는 것과 같다. 이 세 가지가 완벽하게 결합될 때, 당신은 더 이상 수많은 지원자 중 한 명이 아닌, 거부할 수 없는 단 하나의 선택지가 된다.

memo

위기 상황 심리전

면접의 판을 흔들어라

CHAPTER 1

긴장 0% 공식,
흔들리지 않는 기술

💡 긴장 0% 공식의 작동 원리

면접에서 긴장감이 발생하는 것은 당연하다. 그러나 면접관은 당신의 내적 긴장 자체를 평가하지 않는다. 그가 보는 것은 오직 표정, 호흡, 목소리와 같이 밖으로 드러나는 신호뿐이다. 면접에서 긴장이 치명적인 이유는 떨림 자체 때문이 아니라, 내부의 흔들림이 겉으로 새어 나와 불안이라는 라벨로 번역되기 때문이다. 따라서 **긴장 0% 공식**은 긴장을 없애는 것이 아니라, **심장이 뛰더**

라도 그 흔들림이 겉으로 드러나지 않도록 표정, 목소리, 문장의 구조를 통제하는 기술이다.

지원자가 면접에서 무너지는 순간은 사실 대부분 실수 때문이 아니라, '자기 해석' 때문이다. 몸은 본능적으로 긴장을 신호로 보내고, 심장은 빨라지며, 호흡은 얕아진다. 뇌는 이를 곧바로 '내가 떤다 → 틀렸다 → 끝났다'라는 재앙의 회로로 연결한다. 그리고 시선은 면접관의 무표정을 거절의 신호로 오독한다. 결과적으로 아직 아무 실수도 하지 않았는데, 스스로 무너지는 것이다. 합격자는 이 회로를 끊는다. 그는 몸의 긴장을 두려움으로 해석하지 않고, 오히려 그 에너지를 집중의 연료로 바꾼다. 심장이 뛴다는 것은 그만큼 집중할 준비가 되었다는 뜻이며, 면접관이 보는 것은 '내적 긴장'이 아니라, 그 긴장을 어떻게 출력으로 가공해 내는가이다.

여기서 중요한 발상의 전환이 있다. 긴장을 없애려 하면 실패한다. 그러나 겉으로 보이는 출력만 관리한다고 생각하면 갑자기 단순해진다. 출력은 표정, 목소리, 그리고 문장 구조 세 가지다. 이 세 가지만 안정적으로 설계해 두면, 내부의 긴장은 감춰진다. 예컨대 답변의 첫 문장을 낮은 톤으로 시작해 끝을 단단하게 내려 맺는 것만으로도 면접관의 뇌는 침착하다고 인식한다. 눈을 깜빡이지 않고 3초간 질문자의 눈 근처를 바라보는 것만으로도 자신감 있다는 신호를 남긴다. 문장이 길어질수록 긴장은 배가 되므로, 한 문장에 메시지를 하나만 담는 습관을 들이면 사고의 흐름이 자연스럽게 정리된다. 심장이 빨리 뛴다고 해서 면접관이 당신을 불안하게 보는 것은 아니며, 그는 오직 이 세 가지 출력의 질서를 본다.

💡 위기를 기회로 바꾸는 메타 커뮤니케이션

머리가 하얘지거나 답변이 잠시 막히는 순간, 대부분은 그 공백을 부끄러운 실수로 느낀다. 그러나 합격자는 그 침묵을 부정하지 않고, 오히려 그것을 대화의 일부로 끌어안아 버린다. 이 기술은 흔히 '메타 커뮤니케이션(meta communication)'이라고 불리며, 지금 벌어지는 상황을 있는 그대로 짧게 언급함으로써 위축이 아니라 성찰처럼 보이게 만드는 방식이다.

예를 들어, 갑작스러운 압박 질문에 머리가 하얘졌다면 "질문이 생각보다 깊어서, 제가 핵심에 더 집중해 답을 드리는 게 좋을 것 같습니다"라고 말할 수 있다. 혹은 말이 꼬였을 때는 "제가 방금 설명을 조금 복잡하게 말씀드린 것 같은데, 핵심만 간단히 다시 정리하겠습니다"라고 전환한다. 이런 문장은 단순한 핑계가 아니다. 면접관은 불완전한 순간을 어떻게 다루는가를 보며, 당황을 숨기려는 사람은 불안해 보이지만 실수를 정면에서 컨트롤하는 사람은 오히려 차분해 보인다. 면접관의 뇌리에 남는 것은 실수가 아니라 '회복의 태도'다.

메타 커뮤니케이션이 강력한 이유는 세 가지다. 첫째, 면접관은 완벽한 답변보다 진행을 관리하는 능력을 더 신뢰하며, 실제 업무 현장에서도 누구나 실수할 수 있지만 중요한 것은 그 실수를 투명하게 조율하는 힘이기 때문이다. 둘째, 당신이 불안으로 흔들리지 않고 오히려 상황을 언급하는 순간, 면접의 권력 구도가 바뀌어 평가받는 사람이 아니라, 대화를 설계하는 사람으로 보이기 때문이다. 셋째, 이 방식은 오히려 면접관의 호감을 자극하며, 인간은 솔직한 제스처에 신뢰를 느낀다. 긴장했지만 관리할 줄 아는 모습은 성숙한 안정감으로 읽힌다.

머리가 하얘졌을 때 가장 나쁜 전략은 숨기는 것이다. 그 순간은 이미 드러나 있기 때문이다. 그러나 메타 커뮤니케이션을 활용하면, 같은 공백조차 당당함의 신호로 바뀐다. 당신이 보여줘야 할 것은 실수가 없는 완벽함이 아니라, 흔들려도 무너지지 않는 회복력이다. 압박 면접의 진짜 승부는 답변의 옳고 그름이 아니라, 위기를 어떻게 연출하느냐에서 갈린다.

CHAPTER 2

실수 만회 전략,
오답에 대한 회복 탄력성

    면접에서 실수는 누구나 한다. 잘못된 수치를 말하거나, 엉뚱한 사례를 꺼내거나, 질문을 오해하기도 한다. 하지만 면접관은 그 자체로 합격·불합격을 결정하지 않고, 오히려 당신이 어떻게 이어가는가에 주목한다. 면접의 실수는 작은 오류가 발생한 라이브 방송과 같다. 그것이 치명적인 방송 사고로 남을지, 아니면 자연스러운 흐름으로 흡수될지는 편집의 감각에 달려 있다. 따라서 중요한 것은 '무엇을 틀렸느냐'가 아니라, 그 틀린 순간을 '어떻게 다시 엮느냐'다.

🔆 실수 만회 전략, 뇌의 방어 기제를 역이용하라

인간의 뇌는 실수를 저지르는 순간, 본능적으로 방어 기제를 가동한다. 이는 자신의 자존감을 보호하기 위해 상황을 회피하거나, 책임을 타인에게 전가하려는 무의식적인 반응이다. 면접에서 "그건 제 잘못이 아니었습니다."라고 말하는 순간은 바로 이 방어 기제가 발동한 결과다. 면접관은 이 방어 기제가 당신의 입을 통해 나오는 것을 보고, 당신이 실패 앞에서 책임지지 않는 사람이라 판단한다.

합격자는 이 뇌의 방어 기제를 역이용한다. 그는 실수를 저지르는 순간, 즉시 오류 인정이라는 스위치를 켠다. 이는 뇌에게 이 상황은 위험하지 않다는 신호를 보내, 방어 기제가 아닌 '문제 해결 모드'로 전환하게 만든다. 실수를 즉시 인정하고, 짧게 수정하는 것은 당신이 감정에 휘둘리지 않고 상황을 객관적으로 분석하는 프로페셔널임을 증명한다.

첫 번째 전환, 파편을 정리하라. 실수는 파편과 같아서 억지로 감추려 하면 그 파편은 더 번쩍거리고, 면접장의 공기를 자극한다. 그러나 짧게 인정하면 파편은 조용히 정리된다. 예를 들어 "방금 말씀드린 수치에 오류가 있었습니다. 정확히는 ○○입니다."라고 말하는 것만으로도 충분하다. 길게 설명하거나 변명을 늘어놓는 순간, 작은 파편은 오히려 커다란 균열로 확장된다. 당신이 억지로 말을 이어가려 할수록 면접관의 머릿속에는 '이 사람은 실수를 인정하지 못하는 사람'이라는 부정적 인상만 남는다. 첫 번째 단계는 그저 흩어진 조각을 신속히 정리하는 것이다. 이 과정 자체가 당신의 정직성과 판단력을 증명하는 기회가 된다.

두 번째 전환, 흐름을 다시 잡아라. 실수의 파편을 정리했다면, 이제 중요한 것은 흐름이다. 흐름이 끊기면 면접관의 뇌리에 남는 것은 '틀린 답변'뿐이다. 그러나 질문의 본질을 다시 짚어내는 순간, 실수는 곧바로 흐름 속에 흡수된다. "핵심은 결국 고객 이탈을 줄이는 방법이라고 이해했습니다. 그 관점에서 제 경험을 말씀드리겠습니다."처럼 질문의 맥락을 재정의하는 것이다. 이렇게 말하는 순간, 면접관은 오답이 아니라 질문의 줄기를 다시 보게 된다. 이는 음악 연주에서 한 음이 틀려도, 바로 다음 박자를 이어가면 곡 전체는 흐트러지지 않는 것과 같다. 이 기술은 당신의 실수를 덮는 행위가 아니라, 실수를 통해 질문의 본질에 대한 당신의 깊은 이해를 보여주는 고도의 전략이다.

세 번째 전환, 새로운 선율을 덧입혀라. 실수를 만회하는 마지막 단계는 단순한 수습이 아니다. 오히려 실수를 기점으로 새로운 가치를 덧입히는 것이다. 틀린 수치를 바로잡은 뒤, 곧바로 이렇게 이어간다고 하자. "제가 실제로 집중했던 건 단순한 수치가 아니라, 그 수치 뒤에 숨은 고객 행동의 변화였습니다." 이 순간, 실수는 더 이상 실수가 아니다. 오히려 새로운 선율을 만들어낸 변주처럼 들린다. 면접관의 기억에 남는 것은 오답이 아니라, 그 뒤에 더해진 깊이다. 심리학적으로도 사람은 '실수 자체'보다 '실수 이후의 전환'을 더 선명하게 각인한다. 이것이 바로 **전환 효과** 다. 이 기술은 당신의 회복 탄력성과 문제 해결 능력을 동시에 보여주며, 당신의 단점을 오히려 강점으로 바꾸는 강력한 무기가 된다.

실수는 끊김이 아니라 연결의 기술이다. 면접에서 실수는 피할 수 없지만, 그 순간은 당신이 얼마나 '연결의 기술'을 갖고 있는지를 드러내는 장치인 것이다. 파편을 정리하고, 흐름을 다시 붙잡고, 새로운 선율을 덧입히는 3단계를 거치면, 오답은 정답보다 더 강렬한 인상을 남긴다. 실수는 불완전함의 증거가 아니다. 오히려 흐름을 다시 세우고, 이야기를 재구성하는 능력의 무대다. 면접관이 끝내 기억하는 것은 실수가 아니라, 흔들림 속에서도 흐름을 완성한 사람이다.

CHAPTER 3

예상하지 못한 질문,
위기를 기회로 전환하라

💡 낯선 질문, 뇌의 위험 신호에 잠식되다

면접장에서 예상치 못한 질문이 튀어나오는 순간, 지원자의 뇌는 순식간에 과부하 상태에 빠진다. '이건 준비한 답변이 아니야 → 틀리면 큰일 난다 → 내가 무너질 수 있다'라는 자동 사고는 뇌의 편도체(위험을 감지하는 영역)를 자극해 불안을 폭발시킨다. 그러자 말은 빨라지고, 호흡은 가빠지며, 결국 답변은 산만해진다. 즉, 예상치 못한 질문이 무서운 이유는 질문 자체가 아니라, 뇌가 그것을 위협으로 해석하는 자동 반응 때문이다.

첫 번째 심리, 탐구자 프레임으로 전환하라. 지원자의 대부분은 예상하지 못한 질문을 '정답을 맞혀야 하는 시험'으로 인식한다. 그러나 합격자는 그 순간을 탐구의 시작점으로 전환한다. 질문을 맞히려는 사람은 불안에 갇히지만, 질문을 탐구하려는 사람은 호기심으로 이동한다. 불안과 호기심은 같은 자리에 공존할 수 없다. 따라서 예상 못한 질문이 나왔을 때, '이건 나를 무너뜨리려는 질문이 아니라, 내 사고의 범위를 확인하려는 질문이다'라고 해석하는 것이다. 탐구자 프레임을 쓰는 순간, 긴장은 호기심으로 치환되고, 당신의 태도는 방어가 아니라 확장으로 바뀐다. 면접관은 바로 그 전환에서 성숙한 사고력을 읽는다.

두 번째 심리, 맥락 전환 효과를 활용하라. 예상하지 못한 질문은 단일한 답을 요구하는 것처럼 보이지만, 사실 면접관의 진짜 관심은 당신이 질문을 어떤 맥락으로 끌어가는지에 있다. 이를 심리학에서는 맥락 전환 효과라 부른다. 같은 질문이라도, 지원자가 어떤 프레임 속에 넣느냐에 따라 의미가 완전히 달라진다.

예를 들어 "당신의 전공과 이 직무는 크게 관련 없어 보이는데, 왜 지원했습니까?"라는 질문을 했을 때, 대부분은 관련성을 억지로 증명해야 한다는 압박에 갇힌다. 이 압박에 갇히면 방어적인 태도와 답변의 논리가 흔들린다. 그러나 맥락을 전환하는 사람은 이렇게 답한다. "맞습니다. 직접적인 연결은 크지 않을 수 있습니다. 하지만 제 전공에서 익힌 ○○ 방식은 이 직무에서 요구하는 ○○ 문제 해결에 오히려 차별화된 강점이 될 수 있다고 생각합니다." 즉, 질문을 그대로 맞서는 대신, 다른 맥락으로 옮겨 심리적 균형을 다시 잡는 것이다. 이 전환은 단순한 답변 기술이 아니라, 질문을 자기 서사의 일부로 재배치하는 심리적 통제력이다.

세 번째 심리, 서프라이즈 효과를 노려라. 예상하지 못한 질문은 지원자를 흔드는 동시에, 면접관에게도 큰 리스크를 안긴다. 왜냐하면 면접관은 질문을 통해 지원자의 본능적 반응을 보고 싶은 동시에 이 사람이 우리 회사의 기회가 될 수도 있다는 기대를 포기하지 않았기 때문이다. 따라서 지원자가 흔들리지 않고, 오히려 예상하지 못한 질문 속에서 신선한 통찰이나 스토리를 내놓는 순간, 면접관의 뇌는 강하게 각성된다. 이것을 서프라이즈 효과라 한다. 인간은 익숙한 흐름 속에서는 집중력이 떨어지지만, 예기치 못한 긍정적 놀라움 앞에서는 즉각적으로 기억을 강화한다. 즉, 예상치 못한 질문은 지원자를 무너뜨리려는 장치이자, 동시에 기억에 남을 기회를 만든다. 다른 지원자가 답하지 못할 때, 당신이 차분하게 새로운 시각을 제시한다면 그것은 단순한 대답이 아니라 강력한 각인으로 작동한다.

💡 예상치 못한 질문에 대비하는 3가지 훈련

예상치 못한 질문에 대한 대비는 면접장에 들어서는 순간이 아니라, 그 전부터 시작된다. 미리 질문을 예상하고 답변을 외우는 것 외에, 당신의 뇌가 혼돈 속에서 길을 잃지 않도록 세 가지 훈련을 해야 한다. 첫째, 모든 질문을 나에 대한 공격이 아닌 면접관의 진짜 의도로 재해석하는 '질문 재해석' 훈련을 해야 한다. "학점이 낮은 이유가 뭐죠?"라는 질문은 사실 '당신의 진짜 강점은 무엇이죠?'라는 질문의 다른 표현일 수 있다. 질문의 이면을 읽는 연습을 통해, 위기 상황에서도 흔들리지 않는 통찰력을 길러야 한다. 둘째, 답변이 막힐 때는 '다른 관점에서 이 문제를 바라보면 어떨까?' 하고 스스로에게 묻는 '관점 전환' 훈련을 통해 당신의 뇌가 단 하나의 정답에 집착하지 않고, 다양한 가능성을 탐색하도록 유연성을 부여해야 한다. 셋째, 답변이 생각나지 않을 때, 무작정 말을 잇기보다 잠시 침묵하고 생각을 정리하는 '침묵 활용' 훈련을 해야 한다. 짧은 침묵은 당신을 불안하게 만드는 요소가 아니라, 오히려 당신의 답변에 무게를 더하는 심리적 장치가 된다.

예상치 못한 질문은 함정이 아니라 선물이다. 대부분의 지원자는 예상치 못한 질문을 '위험'으로 해석한다. 그러나 합격자는 그것을 '탐구의 기회', '맥락 전환의 무대', '놀라움의 장치'로 바꾼다. 질문은 바뀌지 않는다. 달라지는 것은 질문을 대하는 당신의 심리적 프레임이다. 면접의 본질은 준비된 답을 읊는 시험이 아니다. 오히려 준비되지 않은 순간에, 당신이 어떤 시선과 심리로 세계를 재구성하는지를 시험하는 자리다. 따라서 예상치 못한 질문은 위기가 아니다. 그것은 누구도 흉내 낼 수 없는 당신만의 색깔을 드러낼 가장 공정한 순간이다. 면접관은 그 색깔 속에서, 다른 지원자들과 구별되는 당신을 오래 기억하게 될 것이다.

예상치 못한 질문에 대한 대응력은 암기된 지식의 양이 아니라 사고 방식의 유연성에서 나온다. 중요한 것은 완벽한 답을 하는 것이 아니라, 어떤 상황에서도 건설적이고 논리적으로 접근할 수 있는 능력을 보여주는 것이다. 진정한 전문가는 모든 질문에 대한 답을 알고 있는 사람이 아니라, 어떤 질문이든 체계적으로 접근할 수 있는 사고 체계를 가진 사람이다. 당신의 즉석 대응이 면접관으로 하여금 '이 사람은 예상치 못한 상황에서도 잘 해낼 수 있겠다'는 확신을 갖게 만들 때, 그 순간 당신은 진정한 전문가로 인정받는 것이다. 준비되지 않은 순간에 드러나는 진짜 실력이 가장 강력한 어필이다.

ACTION PLAN　즉석 질문 대응 훈련 시나리오

예상치 못한 질문은 암기한 답변으로는 대응할 수 없다. 따라서 이 워크지는 정답 찾기가 아니라, 순간적으로 사고 방식을 전환하여 건설적으로 응답하는 훈련을 위한 것이다.

STEP 1: 당황을 호기심으로 전환하기 (탐구적 사고 프레임)

지원자가 가장 흔히 어려움을 겪는 순간은 '이 질문은 내가 준비하지 못한 것이다'라는 생각이 드는 순간이다. 하지만 탐구적 사고 프레임을 활용하면, 도전적 상황도 흥미로운 탐구의 기회가 된다.

1-1 예상 외 질문에 대한 건설적 접근

Q 최근 면접 후기나 온라인에서 본 예상치 못한 질문 하나를 적어보자.

- 선택한 질문: _____

Q 탐구적 접근으로 답변을 적어보자.

- "흥미로운 관점의 질문이라고 생각합니다. 제가 이 문제를 바라보는 핵심 시각

  은 _____ 입니다."

Q 완성된 탐구적 답변으로 적어보자.

- _____

STEP 2: 한계를 독특함으로 재해석하기 (맥락 재구성)

면접관은 종종 당신의 부족한 부분을 지적한다. 하지만 질문의 맥락을 재구성하면, 같은 경험이 차별적 관점으로 전환될 수 있다.

59

2-1 맥락 전환을 통한 가치 재발견

Q 당신의 이력에서 부족해 보일 수 있는 지점 하나를 솔직하게 적어보자.

- 도전적인 부분: _____

Q 맥락 전환을 통해 답변을 재구성하여 적어보자.

- "말씀하신 부분에 대해서는 직접적인 연결이 명확하지 않을 수 있다고 생각합니다. 다만 _____ 경험은 오히려 _____ 라는 관점에서 독특한 가치를 만들어 주었다고 생각합니다."

Q 완성된 맥락 전환 답변으로 적어보자.

- _____

STEP 3: 도전을 성장 기회로 전환하기 (긍정적 대응 프레임)

어떤 질문은 당신을 시험하는 동시에, 당신의 대응 방식을 보여줄 기회를 제공한다. 그 순간을 성장과 학습의 기회로 전환하면, 면접관에게 긍정적 인상을 남길 수 있다.

3-1 도전적 상황을 기회로 전환

Q 가상의 어려운 상황이나 압박 질문을 하나 설정해서 적어보자.

- 도전적 질문/상황: _____

Q 기회 중심의 응답으로 구성하여 적어보자.

- "그런 상황이라면, 저는 _____ 을 학습과 성장의 기회로 활용할 것입니다. 특히 그 과정을 통해 _____ 을 개발하게 될 것이라고 생각합니다."

Q 완성된 기회 전환 답변으로 적어보자.

- ···

STEP 4: 통합 연습 및 실전 적용

4-1 3단계 통합 시뮬레이션

하나의 어려운 질문에 대해 세 가지 프레임을 모두 적용하여 종합 연습을 하도록
한다.

Q 통합 연습 질문: "당신의 가장 큰 실패는 무엇이고, 그것이 이 직무에 어떤 영향
   을 줄까요?"

1) 1단계 (탐구적 접근):

- "실패에 대한 관점을 묻는 의미 있는 질문이라고 생각합니다…"

2) 2단계 (맥락 재구성):

- "그 경험이 표면적으로는 실패로 보일 수 있지만, 다른 관점에서는…"

3) 3단계 (기회 전환):

- "그 경험을 통해 얻은 교훈이 이 직무에서 오히려…"

- 나의 통합 답변: ··

··

··

CHAPTER 4

집단·토론·PT 면접,
경쟁 속 안전한 합격자 되기

💡 경쟁이 불안을 증폭시키는 이유

여러 지원자가 동시에 시험대에 오르는 순간, 가장 먼저 무너지는 것은 논리력이 아니라 자기 통제감이다. 누군가 앞서 발언하면 조급해지고, 누군가 더 논리적으로 보이면 위축된다. 이때 지원자의 뇌는 무대가 아니라 경쟁자에 초점을 맞추게 되는데, '저 사람보다 잘해야 한다'는 비교 본능이 활성화되는 순간, 긴장은 배가 되고 사고는 좁아진다. 심리학적으로 이를 사회적 비교 불안이라 부르며, 아이러니하게도 이 불안이 클수록 면접관은 그 사람을 불안정한 지원자로 읽는다. 따라서 집단·토론·PT 면접 상황에서 가장 먼저 필요한 것은 경쟁자를 바라보는 시선을 끊고, 집단 전체를 하나의 장치로 재해석하는 심리 전환이다. 즉, 경쟁자가 아니라 '내 답변을 강화해 줄 주변의 변수'로 보는 것이다.

심리 1, '상대는 배경, 나는 초점' 프레임을 갖자. 면접관은 집단 속에서 누가 가장 크게 빛나는지를 찾는 것이 아니라, 누가 가장 안정적인 중심축인지를 본다. 따라서 당신의 태도는 누군가를 꺾거나 압도하는 것이 아니라, 집단의 흐름 속에서 중심을 잡는 사람으로 각인되어야 한다. 발언할 때 "앞선 의견을 기반으로 제시하고 싶습니다" 혹은 "말씀을 들으며 생각난 관점을 덧붙이겠습니다"와 같은 연결의 문장을 사용하는 것이 좋다. 이는 단순한 협력 제스처가 아니며, 무리 속에서도 중심을 잃지 않는 심리적 안정감을 보여주는 장치다. 면접관은 당신을 경쟁자가 아니라, 안전한 합격자로 분류한다.

심리 2, '과제 몰입'으로 비교를 차단하자. 집단 상황의 가장 큰 덫은 시선을 빼앗기는 것이다. 다른 지원자의 말, 면접관의 표정, 경쟁 구도에 휘둘리는 순간, 뇌는 계속 산만하게 움직인다. 고수는 이 순간 비교의 뇌를 끄고, 과제의 뇌를 켠다. 즉, '저 사람이 나보다 잘했나?'가 아니라, '이 질문의 본질은 무엇인가?'로 사고를 전환하는 것이다. 실제로 면접관은 누가 가장 영리한가보다, 누가 주어진 과제를 중심으로 일관되게 몰입하는가를 본다. 그 몰입감은 자연스럽게 안정된 태도로 드러나며, 경쟁 속에서도 당신을 흔들리지 않는 사람으로 각인시킨다.

심리 3, 집단 긴장을 활용하자. 여러 지원자가 함께 있을 때는 긴장이 집단적으로 퍼진다. 표정이 굳고, 목소리가 떨리고, 말이 빠르게 쏟아진다. 그러나 이 집단 긴장은 오히려 당신에게 기회가 된다. 집단 전체가 불안정할수록, 차분한 목소리와 안정된 호흡은 배가 된 효과를 낸다. 심리학에서는 이를 대조 효과라고 한다. 같은 불안한 분위기 속에서 한 사람의 안정감은 극적으로 돋보인다. 따라서 발언 기회가 왔을 때, 짧은 호흡과 낮은 톤으로 천천히 말하는 것만으로도 면접관의 뇌리에 '이 사람은 중심을 잡는 사람'이라는 강렬한 대비 효과를 남길 수 있다.

심리 4, '틀을 짜는 사람' 프레임을 갖자. 집단·토론·PT 면접 상황에서 면접관은 단순히 누가 말을 많이 했는지를 보지 않는다. 그보다는 논의의 방향을 결정하는 힘을 가진 사람에게 시선을 준다. 이것이 바로 프레이밍 효과다. 같은 사실도 어떤 틀에서 바라보느냐에 따라 전혀 다른 의미가 된다. 따라서 당신은 논의 속에서 정답을 제시하는 사람이 아니라, 관점을 설계하는 사람으로 자리 잡아야 한다. 흐트러진 논의가 이어질 때, 문제를 두 가지 축으로 나누거나, 핵심을 하나의 기준으로 묶어 주는 순간에 대화는 새로운 질서를 갖는다. 면접관은 그 장면에서 당신을 단순한 발언자가 아니라, 흐름의 설계자로 기억하게 된다.

네 가지 심리 무기를 다시 정리해 보자. 당신은 집단 속에서 누군가를 경쟁자로 바라볼 필요가 없다. 상대를 배경으로 두고 자신을 초점으로 세우는 것, 그것이 첫 번째 안정의 출발점이다. 이어서 비교 본능을 차단하고 오직 과제에 몰입하는 태도는 당신을 흔들리지 않는 사람으로 만든다. 집단의 긴장이 커질수록 차분한 호흡과 목소리는 배가 된 대비 효과로 드러나며, 마지막으로 흐름이 산만해질수록 틀을 짜는 한마디는 대화를 설계하는 힘이 된다. 집단·토론·PT 면접은 말의 양으로 승부하는 자리가 아니다. 오히려 심리를 다스리고 활용할 줄 아는 사람이 가장 강력한 설득력을 가진다. 면접관은 결국 가장 똑똑한 사람보다 가장 안정적인 중심을 만들어낸 사람을 합격자로 선택한다.

면접의 종류별 비밀 무기

어떤 무대든 압도하는 법

CHAPTER 1

화상 면접,
카메라로 합격을 세팅하라

당신은 화상 면접을 그저 온라인으로 진행되는 비대면 면접이라 생각한다. 이로 인해 집이라는 편안함에 속아 준비를 소홀히 하게 되고, 그 지점에서 당신의 탈락은 예고된다. 화상 면접은 완전히 다른 규칙이 지배하는 새로운 게임이다. 이 무대는 실력뿐 아니라 연출력, 기술 통제력, 심리적 안정감까지 모든 것을 시험한다. 어설픈 준비로 이 무대에 오른 자는 스스로 무너지지만, 규칙을 이해하는 자는 보이지 않는 곳에서 상대를 지배하며 승리를 거머쥔다.

💡 경기 전날, 미리 무대를 설계하라

진정한 프로는 경기 당일에 장비를 점검하지 않는다. 당신의 무대 연출은 면접 하루 전날에 모두 끝나 있어야 한다. 면접 당일에는 오직 당신의 정신과 연기에만 집중해야 하기 때문이다. 감독으로서 당신은 전날 이미 완벽한 무대를 세팅해야 한다. 가장 먼저 통제해야 할 것은 빛이다. 면접관의 뇌는 얼굴에 드리운 그림자를 '불신'의 신호로 읽는다. 다음은 그 얼굴을 담아낼 카메라의 각도다. 카메라는 면접관의 눈이다. 당신의 눈과 정확히 같은 높이에 오도록 조절해야지만, '나는 당신과 대등한 위치에서 대화할 준비가 된 전문가'라는 인식을 심어줄 수 있다. 그 눈에 비치는 당신의 배경 또한 당신의 격을 증명하는 무대 장치가 된다. 마지막으로 이 무대를 채우는 것은 당신의 목소리다. 유선 이어폰의 마이크라도 사용하여 당신의 목소리를 선명하게 전달해야 한다. 화상 면접에서 당신의 목소리는 내용 전달을 넘어, 자신감과 안정감을 전달하는 가장 중요한 무기이기 때문이다.

💡 프레임을 지배하라, 당신의 얼굴이 곧 전부다

완벽한 무대가 준비되었다면, 이제 배우인 당신이 등장할 차례다. 화상 면접의 성패를 가르는 가장 결정적인 연기는 시선 처리에서 시작된다. 명심하라! 당신이 봐야 할 곳은 화면 속 면접관의 친절한 얼굴이 아니라, 차갑게 빛나는 노트북 상단의 작은 '카메라 렌즈' 뿐이다. 그 렌즈를 응시하는 것만이 상대에게 '나와 눈을 맞추고 있다'는 착각을 심어주는 유일한 기술이다. 당신의 시선이 렌즈에 고정되었다면, 다음은 당신의 표정이다. 화면은 당신의 미세한 표정 변화를 모두 담지 못하기에, 평소보다 1.5배 더 명확하게 고개를 끄덕이고 미소 짓는 연기가 필요하다. 마지막으로 당신의 몸짓은 안정감을 유지해야 한다. 허리를 꼿꼿이 세우고, 발바닥을 바닥에 붙여 보이지 않는 하반신을 고정시켜라. 안정적인 하체는 당신의 목소리에 힘을 실어주고, 당신을 신뢰할 수 있는 사람으로 보이게 만든다.

💡 최후의 승부수, 카메라 밖의 사람을 설득하라

이제 무대도 완성되었고, 조명과 시선, 연기까지 모두 점검이 끝났다. 그러나 가장 중요한 전투는 아직 남아 있다. 화상 면접의 진짜 승부는 보이지 않는 사람의 마음을 어떻게 설득하느냐에서 갈린다. 화면은 당신의 눈빛을 100% 보여주지 못하고, 표정은 미세하게 뭉개지며, 반응은 시차를 두고 도착한다. 면접관은 어쩌면 고개도 끄덕이지 않고, 미소도 짓지 않고, 그저 차가운 표정으로 노트북 앞에 앉아 있을 것이다.

이 순간, 대부분의 지원자는 '내가 잘못 말했나?', '혹시 싫어하나?', '분위기가 너무 싸늘한데?'와 같은 생각에 머릿속을 뒤덮이고, 스스로 호흡을 잃는다. 결국, 준비한 답변조차 흔들리며 불안한 눈빛과 어눌한 말투로 미끄러진다. 그러나 합격자는 그 순간을 정반대로 해석한다. **'지금 이 사람은 판단 중이다. 판단을 돕는 건 감정이 아니라 메시지다.'** 그는 반응이 없을수록, 더욱 또렷하고 명확한 말투로 자신의 핵심 메시지를 전달한다. 면접관의 무표정 뒤에는 감정이 아닌 정보가 흐른다는 것을 이해해야 한다. 따라서 당황하거나 위축될 필요가 없다. 오히려 이때일수록 더 천천히, 더 구조적으로, 더 신뢰감 있게 말해야 한다. 당신은 지금 카메라가 아니라, 그 너머의 한 사람의 의심과 망설임을 뚫고 들어가야 한다.

이때 중요한 무기가 하나 있다. 바로 '생각하고 말하는 사람처럼 보이는 기술'이다. 면접관은 외운 답변보다, 생각을 통해 도출한 답변에 훨씬 더 큰 신뢰를 느낀다. 그래서 당신은 완벽하게 술술 말하는 사람이 될 필요가 없다. 오히려 질문을 받고 짧은 침묵과 함께, '생각을 정리하고 말하는 사람처럼 보이는' 고도의 연기가 훨씬 더 효과적이다. 이것은 단순한 시간 벌기가 아니다. 당신의 말에 무게를 더하고, 깊이를 입히는 심리적 장치다. "잠시 정리해서 말씀드리겠습니다.", "정확한 답변을 위해 짧게 생각을 정리하겠습니다.", "결론을 정리해서 말씀드리겠습니다."와 같은 문장들은 단순한 멘트가 아니다. 면접관에게 당신이 말을 '만들고 있는 중'임을 인정하면서도, 그 과정을 통제하고 있다는 확신을 준다. 면접관은 바로 이 지점에서 암기된 대사가 아닌, '현장에서 생각하고 말하는 사람'을 만났다고 느낀다.

그리고 마지막으로 아무리 흐름이 완벽했더라도, 아무리 진정성이 넘쳤더라도, 면접이 끝난 뒤 당신의 얼굴은 면접관의 기억에서 빠르게 희미해진다. 하지만 단 하나, '한 줄 라벨 문장'은 잔상처럼 남는다. 즉석에서 임팩트를 남기는 사람이 아니라, 면접관의 머릿속에 '그 사람'으로 저장되는 사람이 이긴다. "저는 데이터를 사람의 행동으로 연결하는 마케터입니다.", "기술을 현장의 문제 해결로 번역할 줄 아는 개발자입니다.", "정답보다 질문을 설계하는 사고방식을 가진 사람입니다." 이 한 줄은 자기소개나 마지막 질문이 아니어도 좋다. 중간에 기회가 온다면, 당신이라는 사람을 정의할 단 하나의 문장을 의도적으로 집어넣어라. 이 라벨은 면접관의 인상에 각인되어, 다른 지원자들의 인상과 섞이지 않는 식별자가 되어줄 것이다.

화상 면접은 무대가 좁다. 감정의 교환도 어렵다. 하지만 그 좁은 무대 위에서 생각하는 사람처럼 보이고, 핵심만 정확히 찌르는 메시지를 날릴 수 있다면 당신은 기술이 아닌 감각으로 상대를 사로잡는 진짜 전문가로 남게 된다. 카메라는 곧 꺼지지만, 당신의 한 마디는 면접관의 뇌 안에서 계속해서 재생될 것이다. 이제 당신은 세팅을 끝냈고, 시선과 목소리를 장악했으며, 심리적 틈까지 공략할 준비가 되었다. 화상 면접은 분명 다른 무대지만, 심리를 읽고 구조를 이해하는 자에게는 누구보다 유리한 전쟁터다. 그 무대의 가장 큰 적은 기술이 아니라, 당신 내면 속의 불안이다. 이제 당신은 완벽히 통제된 환경 속에서 카메라 너머의 사람까지 움직이는 프로페셔널로 거듭날 차례다.

CHAPTER 2

AI 면접, 알고리즘이 뽑는
사람의 패턴을 읽어라

AI 면접은 새로운 기술이 아니라, 완전히 다른 룰이 적용되는 새로운 게임이다. 대부분의 지원자가 AI 면접을 비대면 면접 정도로 여기지만, 이 면접에서 오히려 더 많은 사람이 자신도 모르게 미끄러진다. 말투 하나, 눈동자 움직임 하나, 고개를 끄덕이는 간격까지 모든 것이 기록되고 분석된다. AI는 인간 면접관과 달리, 당신에게 피드백조차 남기지 않는다. 오직 숫자로만 판단하고, 그 숫자를 넘어선 진심 따위는 감지하지 않는다. 하지만 이 비인간적인 시스템은 예측 가능하다. 이것이 AI 면접의 약점이자,

동시에 기회다. 사람은 감정의 영향을 받지만, 알고리즘은 오직 '패턴'으로만 평가하기 때문이다. 당신이 이 패턴의 구조를 이해하고 설계할 수 있다면, 이 면접은 가장 공정하게 공략 가능한 무대가 된다.

AI는 사람을 평가하지 않는 대신 사람의 표현 방식을 점수화한다. 예를 들어 지원자가 자신감 있게 말하는지를 판단할 때, 그 내용 자체보다 말의 속도나 음성 떨림, 시선 처리와 같은 물리적 신호를 분석한다. 논리성을 판단할 때는 논거를 얼마나 설계했는지보다 '그래서', '하지만', '왜냐하면' 같은 전환어의 사용 빈도와 위치를 기준으로 판단한다. 심지어 일관성이 있는지를 확인할 때도 답변 간 키워드의 반복률, 문장의 길이와 안정성 같은 형태적 지표가 우선된다. 이 면접은 내용보다 '형식'이 더 중요하게 작동하는 세계다. 구조화되지 않은 말, 맥락 없이 퍼붓는 진심, 흐트러진 표정 등 이 모든 것이 불안정한 데이터로 기록되고, 감점으로 반영된다. AI 면접은 설득의 무대가 아니다. 데이터를 설계하듯이 자신을 표현하는 게임이다.

💡 말은 예술이 아니다, 구조다

따라서 말의 핵심은 감동이나 화려한 단어가 아니다. 예측 가능한 구조로 정리된 문장, 그것이 설득의 무기다. 결론을 먼저 제시하고, 이유를 짚고, 구체적인 사례를 하나 덧붙인 뒤, 짧은 문장으로 정리하며 마무리하는 방식은 AI가 가장 높게 평가하는 말하기 흐름이다. 여기에 "말씀드리겠습니다.", "두 가지로 설명드리겠습니다.", "핵심은 이렇습니다."와 같은 구조 신호를 추가하면 AI는 당신의 답변을 논리적으로 분류한다. 즉, 감정이 아니라 패턴을 학습하는 시스템에 최적화된 말하기 전략이다. 여기에 반복되는 키워드가 있다면 효과는 배가 된다. AI는 텍스트 속에서 특정 단어가 몇 번 등장했는지를 추적한다. '책임감, 협업, 해결력, 기획력, 성장'과 같은 키워드를 자연스럽게 반복적으로 사용하는 지원자에 대해 그 단어를 체화한 사람으로 판단한다. AI는 반복을 통해 신뢰를 학습한다.

💡 표정은 리듬이다

표정은 더 까다롭다. 지원자들이 가장 큰 오류를 범하는 부분이 바로 이 지점이다. 화면 속 자신의 얼굴이 어색하다는 이유로 표정을 지나치게 억제하거나, 긴장으로 인해 얼굴 근육이 굳은 채 면접을 진행하는 경우가 대부분이다. 문제는 이 상태가 AI에게는 치명적인 마이너스 신호로 전달된다는 점이다. 무표정은 지적이고 침착해 보일지 몰라도, AI는 그것을 '감정 반응 부족', '불안정', '부정적 인상'으로 분류한다. 오히려 약간은 어색하더라도 입꼬리를 올리고, 눈썹을 살짝 들고, 시선을 고정하는 편이 더 높은 평가를 받는다.

특히 중요한 것은 **'정지된 표정'이 아니라 '리듬 있는 얼굴'이다**. 화면 앞에서 입만 움직이는 답변은 부자연스럽게 인식된다. 자연스러운 고개 끄덕임, 미소와 함께하는 짧은 표정 변화, 살짝 움직이는 눈빛과 시선의 일관성. 이러한 '미세한 움직임'이 정서적 안정성과 적극성의 신호로 작동한다.

🔆 당신의 모든 말버릇은 기록된다

AI 면접은 습관을 추적한다. 지원자 본인은 인식하지 못하지만, 반복적인 말버릇이나 특정 몸짓, 추임새, 침묵의 간격, 입술을 무는 버릇까지 모두 데이터로 수집되고 점수화된다. 말을 시작할 때마다 "음…"으로 시작하거나, 질문을 들은 뒤 말을 고르기 위해 "그니까…"로 시간을 끄는 습관은 정확하게 기록되어 감점의 근거가 된다. 심지어 자주 고개를 돌리거나, 눈을 위로 치켜뜨는 행동, 말 중에 웃으며 버티는 버릇까지도 부정적 패턴으로 축적된다. 이 면접에서 유일하게 통제 가능한 요소는 당신의 리듬이다. 긴 문장을 외우려 하지 마라. 차라리 짧고 논리적인 구조를 반복해서 훈련하라. 입은 머리보다 느리게 움직여야 한다. 속도와 안정성이 곧 점수다.

💡 응시자 모드에서 분석자 모드로 전환하라

마지막으로 프레임을 전환해야 한다. 대부분의 지원자는 AI 면접을 평가받는 자리라고 여긴다. 그러나 진짜 합격자는 이 무대를 다르게 해석한다. **'나는 지금 이 시스템이 나를 어떻게 분석하는지, 반대로 실험해본다.'**와 같이 마인드셋을 바꾸는 순간, 당신은 더 이상 긴장하지 않는다. 자신을 드러내기보다 오히려 보여주는 방식을 조정할 수 있게 된다. 그 시점부터 AI 면접은 평가가 아니라 설계의 영역이 된다.

AI 면접은 감정이 없는 게임이다. 구조와 패턴을 지배하는 자에게 가장 통제가 가능한 면접 무대가 된다. 중요한 건 얼마나 잘 말하느냐가 아니다. 어떻게 구조화해서 보여주느냐이다. 이 무대에서는 감정이 통하지 않는다. **형태와 리듬, 반복과 구조**만이 당신의 합격을 만든다.

CHAPTER 3

집단토론 면접,
싸우지 않고 이기는 기술

토론 면접은 그 자체가 시험대다. 논리력과 소통 능력, 협업 자세, 리더십, 주도권, 유연성, 감정 조절 능력까지 모든 역량이 실시간 압박 속에서 드러난다. 이 무대가 무서운 점은 단 한 번의 말실수나 태도 흔들림만으로도 '불편한 사람', '독단적인 사람', 혹은 '의견 없는 사람'으로 낙인 찍힐 수 있다는 것이다. 그러나 이 무대에서 이기는 사람은 가장 말을 잘하는 사람도, 가장 많이 말하는 사람도 아니다. 토론 면접의 진짜 승자는 흐름을 장악하되 분위기를 해치지 않고, 설득하되 반박은 최소화하며, 동의하되 인상을 남기는 사람이다. 이 무대에서 싸움은 감점의 시작이며, 갈등은 존재감을 지우는 장치가 된다. 따라서 당신은 이겨야 하는 게임이 아니라, '누가 더 많은 동의를 이끌어내는가'를 겨루는 게임이라는 관점으로 접근해야 한다.

토론에서 가장 먼저 보이는 인물은 단연코 첫 번째 발언자다. 많은 지원자가 이 순번을 피하려 하지만, 사실 이 자리는 의제를 해석하는 틀을 만드는 결정적인 기회다. 질문이 주어졌을 때 가장 먼저 해야 할 일은 이 질문을 어떤 관점으로 접근할 것인가를 명확히 제시하는 것이다.

예를 들어 '찬반이냐', '전제와 조건이냐', '사회적 관점이냐', '경제적 관점이냐' 등 이 틀을 먼저 제시하는 순간, 그 뒤에 말하는 사람들은 당신의 프레임 안에 갇히게 된다. 이 프레임 제시는 어렵지 않다. "이 질문은 두 축으로 나눠서 볼 수 있습니다." "저는 이 사안의 핵심을 조건과 전제로 구분해보고 싶습니다."와 같은 구도 설정은 말의 양보다 강력한 통제력으로 작동한다. 당신이 만든 구조 안에서 사람들이 각자의 의견을 넣는 순간 당신은 말하지 않고도 판을 짠 사람, 즉 통제자가 된다.

💡 논쟁 대신 합의, 분량보다 통찰

토론이 시작되면 많은 이들이 무의식적으로 싸움에 가까운 전략을 취한다. 상대 의견의 허점을 찾고, 논리적 빈틈을 찌르려 하며, 때로는 감정을 억누르지 못한 채 말을 자르고 목소리를 높이기도 한다. 하지만 면접관이 보는 것은 누가 더 날카롭게 공격했는가가 아니다. 누가 더 협업적인 자세로 집단의 논의를 다음 단계로 끌고 갔는가이다. 당신이 해야 할 일은 반박이 아니라 요약이다. 상대방의 말을 정리해주고, "이런 점에서는 충분히 타당한 것 같습니다"라고 인정하며, 거기서부터 "그렇다면 이런 방향으로 확장해볼 수 있지 않을까요?"라는 제안을 던지는 것이다. 이 순간, 당신은 의견 충돌을 피하면서도 주도권을 거머쥔 사람이 된다. 면접관은 이 과정을 보고 조정 능력, 관계 유지 능력, 리더십을 동시에 채점한다. 중요한 것은 상대를 꺾는 게 아니라, 상대를 활용해 다음 단계로 나아가는 능력이다.

토론 면접은 제한된 시간 안에 여러 사람이 함께 말한다. 그렇기에 말을 오래 하는 사람보다 핵심만 정확하게 집어 말하는 사람이 더 강한 인상을 남긴다. 말을 줄이는 것은 약점이 아니라, 집중력 있는 메시지로 승부하는 전략이 된다. 그 핵심이 바로 '정리하는 한 마디'다. 예를 들어 한 토론이 정리되는 시점에 "결국 이 사안은 '책임의 분산'과 '효율의 집중' 사이의 균형을 어떻게 설정할 것인가의 문제 같습니다." 또는 "결국 우리가 지금 논의하는 건, 단기 성과와 지속 가능성의 우선순위를 어디에 둘 것인가라는 질문일 겁니다."라고 말하는 순간, 당신은 논의를 통찰한 사람이 되며 그 말은 면접이 끝난 뒤까지 평가자에게 잔상처럼 남는다.

🔆 끝까지 조율자로 남는 법

토론의 끝으로 갈수록 모두가 자신의 말에 집중하고 상대를 방어하려 한다. 그러나 그럴수록 조율자 역할이 더욱 중요해진다. 정리의 단계에서 당신이 중립적으로 전체 의견을 요약하고 "각자의 의견을 바탕으로 다음과 같은 공통점이 도출된 것 같습니다"라고 말한다면, 면접관은 그 순간 당신에게 팀의 중심을 맡길 수 있을지를 떠올린다. 이런 정리와 조율의 말은 단순히 친절한 태도가 아니라 비즈니스 실무에서 필요한 전략적 커뮤니케이션의 증거가 된다. 즉, 갈등을 줄이고 에너지를 수렴할 수 있는 사람이라는 강력한 신호가 된다.

토론 면접은 갈등 게임이 아니다. 토론의 본질은 합의 형성과 설득 과정에서의 협업 능력이다. 이 무대에서 당신이 진짜 싸워야 할 대상은 다른 지원자가 아니라, 흐름을 잃고 자멸하려는 자신의 조급함과 충동적인 말버릇이다. 이기고 싶다면 고개를 들고 판을 읽어라. 상대를 꺾으려 하지 말고, 상대를 다음 흐름으로 끌고 가라. 주도권은 목소리가 아니라 구조에서 나오고, 존재감은 분량이 아니라 통찰에서 남는다. 토론 면접은 말로 부딪히는 무대가 아니라, 싸우지 않고 설득하는 사람의 게임이다.

토론 흐름을 장악하는 정리 멘트 5가지

토론 면접에서 당신은 분량을 차지하는 사람이 아니라 '판을 정리하는 사람'으로 보이게 만들어야 한다. 다음의 5가지 상황에 맞는 정리 멘트 하나로, 목소리를 높이지 않고 자연스럽게 토론의 중심에 설 수 있다.

① 논의의 방향을 제시할 때

처음 말을 꺼내는 사람은 말의 양이 아니라 틀을 짜는 사람이 되어야 한다. "이 질문은 단순한 찬반보다 접근 방식 자체가 관건인 것 같습니다", "핵심 쟁점을 구조화하면 세 가지로 나눠볼 수 있을 것 같습니다", "먼저 전제부터 간단히 정리해보면 이렇습니다"와 같이 논의의 방향을 선명하게 제시하는 멘트를 던진다.

② 다양한 의견을 정리할 때

의견이 분산될 때, 전체를 요약하는 사람은 자연스럽게 논의의 '중심'이 된다. "지금까지 의견을 묶어보면 두 갈래로 나뉘는 흐름 같습니다", "관점은 다르지만, 모두 문제의 본질에 공감하고 있는 것 같습니다", "의견은 다양했지만, 해결을 위한 키워드는 비교적 명확해졌습니다"와 같이 흩어진 의견을 한데 모으는 역할을 수행한다.

③ 논쟁을 확장하거나 분위기를 반전시킬 때

갈등 없이 자연스럽게 다음 국면으로 연결하고, 분위기를 리드하는 기술이다. "그 논점을 기반으로 조금 더 확장해서 보자면 이런 방향도 있습니다", "혹시 이 시점에서 우선순위라는 기준을 함께 넣어보면 어떨까요?", "갈등이 아니라 접근 순서의 차이일 수도 있겠다는 생각이 듭니다"와 같이 논쟁을 피하면서도 깊이 있는 논의를 유도한다.

④ 논의가 멈췄을 때 흐름을 다시 여는 멘트

침묵은 기회다. 이 타이밍에 정리와 제안을 함께 던지면, 당신은 토론의 다음 흐름을 연 사람이 된다. "정리가 된 것 같으니, 이제 실행 단계로 옮겨가도 될 것 같습니다", "그렇다면 지금까지 나온 의견 중 우선 적용할 수 있는 부분을 짚어보면 어떨까요?", "한 걸음 더 나아가 현실적 제약도 같이 고려해보면 좋겠습니다"와 같이 다음 단계를 제시하며 주도권을 잡는다.

⑤ 마무리 정리로 인상을 남길 때

마지막 인상은 전체를 이끌 수 있는 사람인지 보여주는 결정적인 기회다. "결국 우리가 논의한 건, 속도보다는 방향에 대한 문제였던 것 같습니다", "요약하면, 이 사안은 '성과의 확산'과 '관리의 집중' 사이의 균형 설정이 핵심 같습니다", "의견은 다를 수 있지만, 지향점은 하나로 모아졌다고 생각합니다"와 같이 토론 전체를 관통하는 한마디로 정리하며 조율자로서의 인상을 남긴다.

위 멘트들은 조율자와 설계자, 두 역할을 동시에 보여준다. 누가 더 많이 말했는가는 중요하지 않다. 누가 판을 통제했는가, 그것이 토론 면접의 진짜 승부다.

CHAPTER 4

다수 면접,
심리 게임의 공식

💡 다대일 면접, 시선으로 판을 읽는 법

다대일 면접은 지원자 혼자서 여러 명의 면접관을 마주하는 구조다. 당신이 말을 이어가는 동안에도, 그리고 질문에 답하기 위해 침묵하는 순간에도 모든 면접관의 시선은 당신을 향해 있다. 지원자가 아무 말도 하지 않았는데 평가는 이미 시작된 것이다. 이 면접은 지원자가 말을 이어가는 시간뿐만 아니라 말하지 않는 순간까지도 평가되는 구조다.

이 면접에서 가장 흔하게 하는 실수는 시선을 고정하는 것이다. 질문을 던진 면접관에게만 집중하고 다른 면접관들을 무시하는 태도는 당신을 '소통 능력이 부족한 사람'으로 보이게 한다. 반면 합격자는 다르다. 그는 대답의 시작은 질문자에게 향하지만, 중간부터는 자연스럽게 면접관 전체로 시선을 분배한다. 마치 회의실에서 발표를 하듯 방 전체에 말을 건네는 것이다. 이 움직임 하나만으로 당신은 단순히 대답하는 사람에서 '상황을 주도하는 사람'으로 포지셔닝할 수 있다.

이 무대에서는 항상 예기치 못한 순간이 반복된다. 당신의 논리를 흔들기 위해 면접관 중 한 명이 질문의 전제를 뒤엎거나 기존 답변과 모순되는 새로운 질문을 던지는 순간이다. 당황한 얼굴, 흔들리는 눈빛, 갑자기 길어지는 침묵. 하지만 이 상황에서 합격하는 사람은 다르다. 그는 말을 바꾸지 않는다. 구도를 바꾼다. "앞선 의견과 유사한 부분이 있지만, 저는 그 안에서 핵심 키워드의 우선순위를 중심으로 다시 정리해 보겠습니다." 이렇게 한 문장만으로도 상대의 공격을 무력화하고, 자신의 논리 안에서 다시 판을 전환하는 기술자로 변모한다.

가장 어려운 상황은 여러 면접관이 각자 다른 관점에서 질문을 던지는 순간이다. 당신의 머릿속이 복잡해지는 이 상황이야말로 '판을 정리할 수 있는 유일한 위치'이기도 하다. 앞서 나온 이야기들을 짧게 정리하고, 여러 질문의 관점을 통합하거나, 질문의 전제를 다시 조명하는 순간, 당신은 단순한 답변자가 아니라 흐름을 설계한 사람으로 기억된다. 이 무대의 진짜 승자는 말을 쏟아낸 사람이 아니라, 자신의 포지셔닝을 완벽하게 증명해낸 사람이다.

💡 다대다 면접, 말의 주도권을 잡는 법

반면, 다대다 면접은 구조 자체가 복잡하다. 지원자와 면접관 모두 두 명 이상으로 늘어나는 구조다. 직무 담당자, 인사 담당자, 실무 리더가 각각 던지는 질문들은 성격이 다르다. 누군가는 논리만 보고, 누군가는 태도를 살피며, 누군가는 조직 적합성과 감정 조절을 살핀다. 당신은 지금 하나의 질문에 답하고 있지만, 네 개의 기준으로 동시에 평가받고 있다.

이 면접에는 피할 수 없는 함정이 있다. 당신이 준비해온 핵심 포인트를 다른 지원자가 먼저 말해버리는 순간이다. 그 상황에서 합격자는 다르다. 여러 지원자가 답변을 하는 동안 그저 순서를 기다리다가 존재감을 잃거나 말의 주도권을 빼앗기지 않는다. 다른 지원자의 답변에 자연스럽게 동의를 표하거나, 자신의 의견을 덧붙이는 짧은 멘트로 면접관의 관심을 자신의 발언으로 옮겨온다. 이 움직임 하나만으로 그는 단순히 답을 하는 사람이 아니라 상호작용을 설계하는 사람이 된다.

무엇보다 다대다 면접의 핵심은 '질문을 감지하는 기술'이다. 질문이 직무형인지, 인성형인지, 압박형인지에 따라 말의 구조, 어조, 핵심 단어가 달라져야 한다. 모든 질문에 똑같은 말투로 응답하는 사람은 아무리 논리가 정확해도 사람 냄새가 나지 않는다. 하지만 질문의 성격에 맞춰 "핵심만 요약해서 말씀드리겠습니다.", "경험을 중심으로 간단히 설명드리겠습니다.", "정확한 답변을 위해 잠시만 정리하겠습니다."와 같이 짧은 프레이밍 멘트를 붙이는 사람은 사고하고 판단하는 사람처럼 보인다.

다대다 면접은 많은 답을 요구하지 않는다. 다만, 많은 시선 속에서 흐트러지지 않고 말을 설계할 줄 아는 능력을 요구한다. 여러 명 앞에서 말한다고 해서 모든 면접관에게 통하는 건 아니다. 당신이 지금 설계해야 할 것은 '답'이 아니라, '말의 방향성과 반응의 질서'다.

결국, 당신이 무심코 내뱉는 말 한마디는 곧 당신의 사고 흐름을 드러내고, 그 말이 어떻게 논리적으로 배치되는지가 당신의 모든 역량을 증명한다. 따라서 이 무대에서 기억되는 사람은 그저 많이 말한 사람이 아니라, 자신의 모든 말과 행동을 치밀하게 설계하여 판의 흐름을 지배한 사람이다.

CHAPTER 5

PT 면접, 말보다 구조로
슬라이드보다 설득으로

💡 내용 흐름과 입장을 설계하라

PT 면접장에 들어서는 순간, 대부분의 지원자는 슬라이드에 지나치게 집착한다. 그러나 면접관이 진짜로 보는 것은 정리된 자료, 깔끔한 템플릿, 눈에 띄는 그래프와 키워드가 아니다. 그들은 자료보다 당신이 그 자료로 어떻게 '이야기'를 풀어나가는지에 대해 본다. PT 면접은 발표 형식을 취하고 있지만, 그것은 겉모습일 뿐이다. 이 무대는 말솜씨가 아닌, **설계 감각과 사고 구조를 평**

가하는 시험이다. 아무리 목소리가 또렷하고 발표가 매끄러워도, 그 안에 구조가 없고 메시지가 분명하지 않다면 면접관은 당신에 대해 '설득을 못하는 사람'으로 본다. 실제로 많은 지원자들이 슬라이드를 10장 넘게 만들어 발표를 했음에도 오랫동안 기억에 남지 못한다. 이유는 하나다. 정보는 넘쳤지만, 흐름이 없었기 때문이다.

따라서 PT 면접을 전략적으로 준비하는 사람은 자료를 만들기 전에 나의 입장을 먼저 정리한다. 단순히 문제를 요약하거나, 팩트를 나열하는 게 아니라 '이 문제에 대해 나는 어떤 시선으로 바라볼 것인가'를 먼저 정의한다. 예를 들어 '카페 브랜드의 매출 부진 원인 분석 및 개선 전략'이라는 주제일 경우, 일반적인 지원자는 보통 "입지 요인, 메뉴 경쟁력, 마케팅 현황을 분석해보았습니다.", "경쟁 업체 사례와 비교한 결과, 가격대와 접근성이 문제라고 판단됩니다."와 같이 시작한다. 이는 겉보기에 논리적으로 보이지만, 발표자의 입장, 즉 관점이 빠져 있다.

반면, 합격자는 똑같은 주제를 이렇게 시작한다. "저는 이 브랜드의 가장 큰 문제를 '머물고 싶은 공간'이 되지 못한 것이라고 봤습니다. 그래서 분석보다 먼저, 이 브랜드가 고객에게 어떤 경험을 제공해야 하는지를 중심으로 접근했습니다." 같은 데이터를 활용하더라도 입장이 정리된 사람은 단순 분석이 아니라 전략적 해석을 제시한다. 면접관이 정말 궁금한 건 당신이 얼마나 많이 아느냐가 아니라, 당신이 어떤 식으로 정리하고 판단하느냐이다. 그리고 그 판단은 기승전결이 아닌, '입장 - 논거 - 검증'이라는 흐름 안에서 흘러야 한다.

💡 자료는 던지고, 말은 구조로 밀어붙여라

발표 중 가장 흔한 실수는 슬라이드를 설명하는 발표자다. "다음 장은 고객 분석입니다." "보시는 그래프는 매출 추이입니다." 이런 말은 면접관에게 아무런 인지 자극도 주지 못한다. 그 순간부터 청중은 슬라이드를 읽는 사람이 되고, 발표자는 단순한 설명자가 된다. 합격자는 발표할 때 슬라이드를 설명하지 않는다. 슬라이드는 단지 이야기의 배경 무대일 뿐이다. 진짜 핵심은 슬라이드를 통해 면접관의 생각을 움직이는 말이다. 예를 들어 단순히 매출 하락 추세를 보여주는 슬라이드 앞에서 합격자는 이렇게 말한다. "이 시점이 중요한 이유는, 그동안의 메뉴 전략이 더 이상 통하지 않았다는 고객의 반응이 실제 매출로 드러난 첫 시기이기 때문입니다. 이 시기 이후 브랜드의 SNS 반응도 급격히 바뀌기 시작했습니다. 저는 이 포인트를 중심으로 전략을 다시 설계했습니다." **슬라이드는 '정보를 던지는 무기'여야 한다.** 설명으로 끝나는 슬라이드는 아무것도 남기지 않지만, 면접관의 생각을 자극한 한 문장은 발표 이후에도 잔상을 남긴다.

PT 면접에 대한 가장 큰 오해는 말만 잘하면 유리하다는 생각이다. 실제로 PT 면접에서 높은 점수를 받은 사람들의 발표는 생각보다 간결하고, 때로는 서툴다. 하지만 그들에게는 자기 판단을 끝까지 밀어붙이는 구조가 있다. 예를 들어 발표 중 면접관이 "이 전략이 기존 고객의 이탈을 불러올 수 있다는 우려는 없나요?"라고 질문했을 때, 합격자는 "그 부분은 분명 고려해야 할 리스크라고 생각합니다. 다만, 기존 고객층의 70%가 6개월 이내 재방문 이력이 없다는 데이터를 근거로, 저는 신규 유입 중심의 전략 전환이 필요한 시점이라고 판단했습니다."라고 답변한다. 이 답변은 외운 내용이 아니다. 판단의 구조가 짜여 있었기 때문에 가능한 즉흥적 사고의 산물이다. PT 면접의 본질은 말의 유창함이 아니라 생각을 명확하게 구조화해서 상대를 설득할 수 있느냐의 문제다. 흐름이 살아 있고 입장이 선명하다면 슬라이드는 수단이고, 말투는 변수일 뿐이다.

💡 각인되는 사람은 '어떻게'로 결정된다

면접관은 당신의 슬라이드를 암기하지 않는다. 하지만 당신이 어떤 입장을 택했고, 그 입장을 어떻게 구성하고, 어떻게 지켜냈는지는 또렷이 기억한다. PT 면접은 결국 하나의 설득 시나리오다. 대본이 아니라 전략이 필요하다. 무대 장치가 아니라 연출의 일관성이 필요하다. 자료보다 구조, 슬라이드보다 메시지, 말투보다 밀고 나가는 감각. 이 차이를 인식하는 사람만이 발표가 끝난 뒤에도 면접관의 판단 속에 '설계된 사람'으로 남는다.

PT 면접은 정답을 찾는 시험이 아니라, 당신의 사고 과정과 실행력을 증명하는 무대. 완벽한 분석보다는 명확한 관점과 실행 가능한 제안이 승부를 결정한다는 것을 명심하라.

PT 면접 설계 워크지

PT 면접은 논리적 완성도보다 '관점의 독창성'과 '실행 가능성'이 승부를 결정한다. 이 워크지는 당신의 아이디어를 면접관이 거부할 수 없는 제안으로 완성시키는 설계도다.

STEP 1: 면접 과제 분석 및 핵심 키워드 추출

1-1 과제 명확화

예 ▪ 주제 : 신제품 A의 매출 부진 원인을 분석하고 개선 전략을 제안하라.
　　▪ 핵심 동사 : 분석 + 제안
　　▪ 측정 역량 : 문제진단력 + 전략적사고력

Q 당신이 받은 PT 면접 과제를 정확히 적어보자.

▪ 주제: ....

Q 과제에서 요구하는 핵심 동사를 찾아 적어보자.

예 분석하라, 제안하라, 평가하라, 설계하라 등

▪ 핵심 동사: ....

Q 과제가 측정하려는 역량이 무엇인지 적어보자.

예 문제 해결력, 전략적 사고, 창의성, 실행력 등

▪ 측정 역량: ....

STEP 2: 차별화된 관점 설정

2-1 일반적 접근 vs 나만의 관점

예 ▪ 뻔한 관점 : ① 가격 경쟁력 부족 ② 마케팅 부족 ③ 제품 품질 문제
　　▪ 나의 관점 : 신제품 A의 문제는 기능이 아니라 고객 경험의 단조로움에 있다.

- 선택 근거: 기능 개선은 경쟁사도 할 수 있지만, 경험 혁신은 브랜드 차별화의 핵심이다.

Q 대부분의 지원자가 접근할 만한, 흔한 관점 3가지를 적어보자.

1. ....

2. ....

3. ....

Q 위 관점들과 차별화되는 나만의 독특한 관점을 설정하여 적어보자.

- 나의 관점: ....

Q 이 관점을 선택한 이유를 적어보자. (왜 이것이 더 중요한가?)

- 선택 근거: ....

STEP 3: 3층 논증 구조 설계

3-1 핵심 논거 구성

예 - 논거1: 신규 유입은 늘었으나 재구매가 급락했다.
  - 구체적 근거: 고객 여정 분석 결과 초기 만족도는 높으나 재사용 의도가 낮음.
  - 데이터: 재구매율 전년 대비 25% 하락, NPS 점수는 양호(7.2점)

Q 당신의 관점을 뒷받침할 3개의 핵심 논거를 만들어 적어보자. 각각 다른 차원 (데이터/사례/맥락)에서 접근해보자.

1) 논거 1 (데이터 기반)

- 논거: ....

- 구체적 근거: ....

- 뒷받침 데이터/수치: _____

2) 논거 2 (사례/경험 기반)

- 논거: _____

- 구체적 근거: _____

- 유사 사례/벤치마킹: _____

3) 논거 3 (환경/맥락 기반)

- 논거: _____

- 구체적 근거: _____

- 시장/트렌드 분석: _____

STEP 4: 반박 시나리오 대비

4-1 예상 반문 및 대응 전략

(예) ■ 반문1: 고객 경험 개선은 비용이 많이 들지 않나?
- 대응: 기존 마케팅 예산의 30% 재분배로 시범 운영 가능하며, 3개월 내 ROI 측정 가능하다.
- 실행 방안: 디지털 터치포인트 개선부터 시작해 단계적 확장

Q 면접관이 던질 가능성이 높은 까다로운 질문들을 미리 준비하여 적어보자.

1) 예상 반문 1 (실행 가능성 의문)

- 반문: _____

- 내 대응: _____

- 구체적 실행 방안: _____

2) 예상 반문 2 (리스크 우려)

- 반문: _____

- 내 대응: _____

- 리스크 완화 방안: _____

3) 예상 반문 3 (경쟁 차별화)

- 반문: _____

- 내 대응: _____

- 차별화 포인트: _____

STEP 5: 스토리라인 완성

5-1 발표 흐름 설계

1) 오프닝 (30초) - 관점 선언

- "오늘 제가 제시할 핵심 관점은 _____ 입니다."

2) 바디1 (1분) - 문제 진단

- "이 관점에서 문제를 분석해보면 _____."

3) 바디2 (1분 30초) - 해결 전략

- "따라서 제가 제안하는 해결책은 _____."

4) 바디3 (1분) - 실행 방안

- "구체적인 실행 단계는 _____."

5) 클로징 (30초) - 기대 효과

- "이를 통해 _____을 달성할 수 있습니다."

5-2 핵심 메시지 압축

> 예 신제품 A는 기능 개선이 아닌 고객 경험의 다양성 확보를 통해 재구매율 회복이 가능합니다.

- 한 문장 요약 (면접관이 기억할 핵심 메시지):

  _____

  _____

STEP 6: 최종 점검 체크리스트

- ☐ 차별화 검증: 내 관점이 다른 지원자와 뚜렷하게 구별되는가?
- ☐ 논리성 검증: 관점 - 논거 - 결론의 연결이 자연스러운가?
- ☐ 실현성 검증: 제안한 방안이 실제 실행 가능한가?
- ☐ 임팩트 검증: 기대 효과가 구체적이고 측정 가능한가?
- ☐ 시간 관리: 주어진 시간 내에 핵심 메시지 전달이 가능한가?

최종 PT 설계도

- 핵심 관점: _____

- 차별화 포인트: _____

- 핵심 논거 3가지: _____

- 예상 반박 대응: _____

- 한 문장 요약: _____

CHAPTER 6

압박 면접,
흔들리지 않고 점수 올리는 기술

    모든 면접이 정해진 대본대로 흘러갈 것이라는 환상을 버려라. "이 경력으로는 이 직무를 소화하기 힘든 것 아닌가요?", "당신의 경험은 너무 뻔하지 않습니까?" 이 말이 면접관의 입에서 나오는 순간, 당신은 압박 면접의 무대에 서게 된다. 압박 면접은 지원자를 괴롭히기 위한 것이 아니며, 그 속에는 두 가지 목적이 숨어있다. 첫째, 극도의 긴장 상황에서 당신이 얼마나 감정을 통제할 수 있는지를 본다. 둘째, 예측 불가능한 상황에서 얼마나 빠르게 사고를 회복해 논리로 전환할 수 있는지를 검증한다. 다시 말해, 압박 면접은 당신의 지식보다 심리적 내구도를 확인하는 무대다.

💡 첫 번째 기술, 질문의 '톤'을 분리하라

대부분의 지원자는 면접관의 말투와 표정을 개인적인 공격으로 받아들인다. 이로 인해 '내가 부족한가보다', '싫어하는구나'라는 생각이 들면서 표정이 굳고 목소리가 흔들린다. 그러나 합격자는 질문의 내용과 톤을 분리한다. 면접관의 차가운 표정, 날 선 말투는 단지 장치일 뿐이다. 그 속에서 다뤄야 할 것은 여전히 질문 자체다. 예를 들어 "당신의 경험은 너무 평범한 것 아닌가요?"라는 압박 질문은 사실상 '그 평범함 속에서 무엇이 차별적 가치가 될 수 있는가?'라는 본질적 질문이다. 이렇게 해석하는 순간, 당신은 문제를 분석하는 전문가로 태도를 바꿀 수 있다. 그로 인해 표정은 흔들리지 않고, 대답은 한층 차분해진다. 압박 면접은 질문자의 감정 싸움이 아니라, 프레임 전환 싸움이다.

101

💡 두 번째 기술, '생각하는 멘트'로 호흡을 되찾아라

압박 질문의 목적은 당신의 리듬을 무너뜨리는 데 있다. 예상치 못한 질문, 곤란한 데이터 요구, 반박이 이어지면 머리가 하얘지고, 말은 꼬이기 시작한다. 이때 가장 위험한 것은 억지로 말을 이어가려는 것이다. 억지로 내뱉는 말은 논리보다 불안을 드러낸다. 반대로 합격자는 침묵을 무기로 바꾼다. 질문을 받은 뒤, 짧은 멘트로 사고의 시간을 확보하는 것이다. "질문의 핵심을 분명히 하기 위해 우선 기준을 정리하고 말씀드리겠습니다.", "보다 정확히 답하기 위해 상황을 두 갈래로 나누어 설명드리겠습니다."와 같은 짧은 문장은 단순한 시간 끌기가 아니다. 면접관의 뇌에는 '이 사람은 외운 답을 토해내는 지원자가 아니라, 지금 이 자리에서 생각을 정리하는 사람'이라는 인상을 남긴다. 압박 상황에서 생각하는 사람처럼 보이는 순간, 당신은 이미 절반을 이긴 것이다.

💡 세 번째 기술, 압박 질문을 재구성하라

압박 면접의 목적 중 하나는 당신의 사고를 복잡하게 흔들어 놓는 것이다. 한꺼번에 여러 개의 조건을 붙이거나, 날카로운 어조로 질문을 길게 던지면 대부분의 지원자는 그 흐름에 끌려가 버린다. 결국 질문의 절반은 놓치고, 불필요하게 장황한 대답으로 무너진다. 합격자는 그 순간, 질문을 자신의 언어로 단순화한다. "말씀해주신 부분을 핵심만 정리하면 두 가지로 볼 수 있을 것 같습니다. 첫째는 ○○이고, 둘째는 ○○인데, 이에 대해 제 경험을 바탕으로 설명드리겠습니다." 이 기술은 단순히 말을 잘하는 것이 아니다. 질문의 프레임을 그대로 받아들이지 않고, 스스로 문제를 구조화하는 힘을 보여주는 것이다. 면접관은 그 장면에서 '압박에도 불구하고 본질을 추려내는 사고력'을 확인한다. 압박을 당당함으로 맞서는 것이 아니라 질문을 정리하는 힘으로 받아넘기는 것, 이것이 세 번째 기술이다.

압박은 당신을 무너뜨리기 위한 것이 아니다. 압박 면접은 당신의 적이 아니다. 당신이 그 순간을 어떻게 해석하고 활용하느냐에 따라 누군가에게는 함정이 되고, 또 다른 누군가에게는 점수를 끌어올리는 결정적 무대가 된다. 압박을 두려워하는 사람은 방어하다가 무너진다. 압박을 이용하는 사람은 오히려 빛난다. 결국 압박 면접은 당신이 평정심과 사고의 주도권을 가진 사람인지, 아니면 흔들리는 피고인인지 가르는 시험일 뿐이다. 이제 당신은 안다. 압박은 감정이 아니라 구조이며, 공격이 아니라 기회다. 그리고 당신은 그 무대를 설계할 준비가 되어 있다.

PART
4

질문 해부와 답변 전략

질문의 칼끝을 기회로
바꿔라

CHAPTER 1

자기소개 질문,
기준점을 장악하는 첫 한마디

당신의 첫마디는 단순히 당신을 소개하는 문장이 아니다. 그것은 당신의 면접 합격 여부를 결정짓는 30초짜리 광고 카피다. "자, 그럼 자기소개 한번 해보시죠." 이 지긋지긋하면서도 피할 수 없는 첫 번째 질문이 떨어지는 순간, 당신의 머릿속은 하얗게 변하고 심장은 발밑으로 곤두박질 친다. 대부분의 지원자는 이 순간을 자신에 대해 변호하고 증명해야 하는 '시험의 시작'으로 받아들인다. 그래서 준비해온 경험들을 나열하기 시작한다. 어디서 태어났고, 어떤 대학을 나왔으며, 무엇을 경험했는지에 대한 보고서를 제출한다. 이것이 바로 당신이 첫 단추부터 잘못 끼우는 결정적인 패착이다.

면접관의 심리를 이해해야 한다. 그는 당신의 인생 요약본을 요구한 것이 아니다. 그는 이미 수많은 지원자에게 똑같은 질문을 던졌고, 비슷한 답변을 들으며 지쳐있다. 그의 머릿속에는 단 하나의 질문만이 맴돈다. **'그래서 내가 왜 당신의 다음 이야기를 들어야만 하는가?'** 자기소개는 이 질문에 대한 당신의 답이다. 당신의 첫마디는 앞으로 이어질 30분의 면접 전체를 당신이 원하는 방향으로 이끌기 위해, 면접관에게 당신을 평가할 '기준'을 당신 스스로 제시하는 첫 번째 전투다. 당신이 어떤 기준을 제시하느냐에 따라, 당신의 모든 경험은 핵심 역량의 증거가 되기도, 그저 그런 과거의 나열이 되기도 한다. 당신이 만약 "저는 OOO을 전공하고 다양한 대외활동을 통해 성장해온 OOO입니다"라고 말하는 순간, 당신은 면접관에게 아무런 평가 기준도 주지 않은 셈이다. 그는 이후 당신의 모든 답변을 자신만의 모호한 잣대로 평가할 것이다.

💡 과거를 보고하지 말고, 가치를 선포하라

당신은 지금부터 면접관에게 당신의 가치를 증명해야 한다. 어설픈 자기소개는 제품의 기능 목록만 장황하게 늘어놓는 것과 같다. 면접관은 지루해하며, 그래서 이 지원자가 나에게 왜 필요한지 전혀 이해하지 못한다. 그러나 강력한 자기소개는 "저는 당신이 가진 OOO 문제를 해결할 유일한 해결책입니다"라고 단도직입적으로 선포하는 것이다. 이제 면접관은 당신의 다음 설명 하나하나를 '내 문제를 정말 해결할 수 있는가'라는 명확한 관점을 가지고 집중해서 듣게 된다. 자기소개는 당신의 과거를 담는 그릇이 아니라, 당신의 가치를 증명하는 선언문이어야 한다.

그렇다면 어떤 가치를 선포해야 하는가. 그것은 당신이 가진 수많은 장점 중 하나를 꺼내는 것이 아니다. 당신이 사전에 분석한 이 회사의 가장 아픈 곳, 가장 시급한 과제를 해결할 수 있는 단 하나의 가치여야 한다. 당신의 수많은 경험은 바로 그 하나의 가치를 증명하기 위한 예시이자 근거 자료로 재배치되어야 한다. 당신의 가치로 문제 해결 능력을 선포했다면, 이후 당신의 모든 경험 이야기는 '나는 이렇게 문제를 해결해왔다'는 증거가 되어야 한다. 빠른 성장 속도를 가치로 선포했다면, 당신의 모든 경험은 '나는 이렇게 빠르게 배우고 성장했다'는 증거가 되어야 한다.

그러니 더 이상 자기소개를 준비하지 마라. 대신, 이 면접의 판을 어떻게 지배할 것인지에 대한 '오프닝 전략'을 설계하라. 당신의 첫마디를 단지 면접관의 질문에 대한 수동적인 답변으로 말해서는 안 된다. 이는 당신이 앞으로 어떤 질문을 받을지에 대해 능동적으로 설계할 수 있는 기회다. 당신의 첫마디가 끝났을 때, 면접관의 머릿속에 남아야 하는 것은 당신의 인생 요약본이 아니라, '흥미로운 주장이군. 어디 한번 증명해 보시지'라는 명확한 과제 의식이어야 한다. 그 순간, 당신은 더 이상 평가받는 지원자가 아니라, 자신의 가치를 증명하는 전문가로서 이 게임의 주도권을 잡게 되는 것이다.

자기소개는 단순한 인사가 아니라 면접 전체의 방향을 설정하는 전략적 오프닝이다. 당신이 제시한 정체성과 경험이 면접관의 평가 기준이 되도록 설계하는 것이 핵심이다.

자기소개 평가의 기준을 설계하는 워크지

이 챕터를 덮기 전, 당신의 평범한 자기소개를 폐기하고 면접의 흐름을 주도할 새로운 전략을 직접 설계하라. 이 워크지는 당신의 일반적인 경험을 차별화된 가치로 전환하는 체계적 프로세스다.

STEP 1: 전장 분석 – 회사의 니즈와 나의 가치 매칭

1-1 회사 문제 진단

Q 이 회사가 현재 직면한 가장 중요한 과제나 고민을 적어보자.

✓TIP! 채용공고, 사업보고서, 뉴스 기사, 업계 동향을 종합해서 파악하라.

■ --

Q 선택한 문제를 구체적으로 적어보자.

■ --

1-2 나의 핵심 가치 발굴

Q 위 문제를 해결하는 데 기여할 수 있는 당신의 가장 강력한 역량을 선택해보자.

☐ 문제 해결력/분석력

☐ 실행력/추진력

☐ 창의적 사고/혁신 능력

☐ 소통/협업 능력

☐ 전문 기술력

☐ 학습/적응 능력

☐ 리더십/영향력

☐ 기타: --

- 선택한 핵심 역량: ....

Q 이 역량이 회사 문제 해결에 어떻게 기여하는가?

■ ....

STEP 2: 무기 제작 – 정체성 선언문과 근거 자료 준비

2-1 자기 정체성 선언문 설계

Q STEP 1의 핵심 역량을 바탕으로 "저는 OOO하는 사람입니다" 형태의 강력한 정체성 문장을 만들어보자.

> 예 공식: "저는 [상황/문제]에서 [방법/접근]으로 [결과/가치]를 만들어내는 사람입니다."

- 초안 작성: 저는 ....에서 ....으로 ....를 만들어내는 사람입니다.

- 완성본: ....

2-2 증거 자료 준비 (경험 3종 세트)

Q 위 선언문을 뒷받침 할 강력한 경험 3가지를 선별하여 키워드로 적어보자.

- 경험 1 (가장 강력한 성과/성공 사례)

- 키워드: ....

- 핵심 내용: ....

- 측정 가능한 결과: ....

- 경험 2 (어려운 상황 극복 사례)

- 키워드: ....

- 핵심 내용: ┈┈┈┈┈┈┈┈┈┈┈┈┈┈┈┈┈

- 학습한 점: ┈┈┈┈┈┈┈┈┈┈┈┈┈┈┈┈┈

■ 경험 3 (혁신/개선 사례)

- 키워드: ┈┈┈┈┈┈┈┈┈┈┈┈┈┈┈┈┈

- 핵심 내용: ┈┈┈┈┈┈┈┈┈┈┈┈┈┈┈┈┈

- 파급 효과: ┈┈┈┈┈┈┈┈┈┈┈┈┈┈┈┈┈

2-3 통찰의 한 문장

Q 위 경험들을 통해 얻은 가장 중요한 깨달음이나 철학을 한 문장으로 압축하여 적어보자.

■ 나의 핵심 통찰: ┈┈┈┈┈┈┈┈┈┈┈┈┈┈┈┈┈┈┈┈┈┈┈┈┈┈┈

STEP 3: 전략 완성 – 면접 주도권을 가져오는 오프닝

3-1 최종 자기소개 스크립트 작성

Q 지금까지 작성한 내용을 바탕으로 아래 구조에 따라 최종 스크립트를 적어보자.

■ 구조: 정체성 선언+핵심 경험 암시+기여 가치 제시

🔵예 "안녕하십니까, [정체성 선언문]. [핵심 경험 키워드들]을 통해 [회사에 제공할 가치]에 기여하고 싶습니다."

■ 초안: 안녕하십니까, ┈┈┈┈┈┈┈┈┈┈┈┈┈┈┈┈┈┈┈┈┈┈┈┈┈.

┈┈┈┈┈┈┈┈┈┈┈┈┈┈을 통해 ┈┈┈┈┈┈┈┈┈┈┈┈┈┈┈┈┈┈┈.

■ 최종 완성본 (60초 분량):

┈┈┈

3-2 유도 질문 예상 및 대비

Q 당신의 자기소개를 들은 면접관이 가장 먼저 물어볼 것 같은 질문 3가지를 적어 보자.

1. _____

2. _____

3. _____

Q 이 중 가장 확률이 높은 질문에 대해 준비한 답변을 적어보자.

■ _____

■ _____

■ _____

STEP 4: 검증 및 최적화

4-1 자기 진단 체크리스트

☐ 차별화: 다른 지원자와 뚜렷하게 구별되는 정체성인가?

☐ 연관성: 회사가 원하는 인재상과 명확히 연결되는가?

☐ 증명력: 경험으로 충분히 뒷받침 가능한 주장인가?

☐ 호기심: 면접관이 더 깊이 물어보고 싶게 만드는가?

☐ 시간: 90초 내에 자연스럽게 전달 가능한가?

4-2 리스크 체크

Q 예상되는 약점이나 반박 포인트를 적어보자.

■ ....

Q 이에 대한 대응 전략을 적어보자.

■ ....

최종 전략 설계도

Q 나의 면접 정체성을 정리하여 적어보자.

■ 핵심 역량: ....

■ 정체성 선언: ....

■ 증거 경험: ....

■ 기여 가치: ....

■ 유도 질문: ....

■ 실행 목록

☐ 거울 앞에서 10회 이상 연습 완료

☐ 자연스러운 속도와 톤 확인

☐ 예상 후속 질문 답변 준비 완료

☐ 회사별 맞춤 조정 가능 여부 확인

CHAPTER 2

지원동기·포부,
면접관의 불안을 지워라

💡 면접관의 불안, 충성도와 리스크 관리

면접관은 지원동기와 포부를 묻는 질문으로 당신의 합격을 저울질한다. "왜 하필 우리 회사에 지원했습니까?" 그리고 "입사 후 포부가 무엇입니까?" 이 두 가지 질문은 분리된 것이 아니다. 그것은 하나의 거대한 질문, 즉 '그래서 당신을 믿고 투자해도 괜찮겠습니까?'라는 불안의 표현이다. 이 질문의 칼끝 앞에서 대부분의 지원자는 처참하게 무너진다. 그들은 이 질문의 진짜 의도를 파악하지 못하고, 준비해온 앵무새 같은 답변을 늘어놓기 때문이다.

그가 당신의 꿈을 응원하기 위해 이 질문을 던지는 것이라고 착각해서는 안 된다. 그의 머릿속은 지금 두 가지 치명적인 리스크를 계산하는 데 혈안이 되어 있다. 첫째는 '이탈 리스크'다. 어렵게 뽑아놓은 인재가 1년도 안 돼서 떠나는 것만큼 끔찍한 재앙은 없다. 그것은 자신의 안목이 틀렸다는 증거이자, 막대한 채용 비용의 낭비다. 둘째는 '정체 리스크'다. 입사 후 더 이상 성장하지 않고 조직의 짐이 되는 직원은 이탈하는 직원보다 더 위험하다. 그는 당신의 충성도와 성장 가능성을 저울질하며, 자신의 투자가 안전한지를 필사적으로 확인하고 있는 것이다.

💡 평범한 지원자의 세 가지 오류

이 불안을 이해하지 못하는 평범한 지원자들은 세 가지 오류에 빠진다. 첫째, 그들은 맹목적인 찬양을 늘어놓는다. "귀사는 업계 1위이며, 최고의 기술력을 가진 위대한 기업입니다." 이런 아첨은 당신을 주체성 없는 사람으로 만들 뿐이다. 둘째, 그들은 이기적인 성장 계획을 발표한다. "많이 배우고 성장하여 최고의 전문가가 되고 싶습니다." 회사는 당신의 학원이 아니다. 마지막으로 그들은 공허한 충성을 맹세한다. "최선을 다해 회사 발전에 기여하겠습니다." 어떻게 기여할 것인가? 구체적인 계획 없는 맹세는 아무런 힘이 없는 소음이다.

💡 합격자는 교집합과 성장 지도를 제시한다

그렇다면 합격자들은 어떻게 이 불안을 기회로 바꾸는가. 그들은 두 가지 전략을 사용한다.

첫째, 지원동기를 말할 때 그들은 나의 목표와 회사의 강점이 만나는 유일한 교집합을 제시한다. 그들은 이렇게 말한다. "저는 OOO 분야의 전문가가 되겠다는 명확한 목표가 있습니다. 대한민국에서 OOO 분야에 대해 귀사만큼 독보적인 성공 방정식을 가진 곳은 없습니다. 저의 목표를 이루기 위해 귀사의 성공에 기여하고, 그 과정에서 함께 성장하는 것이 저에게는 가장 논리적인 선택입니다." 이것은 아첨이 아니라, 당신과 회사가 '윈윈(Win-Win)' 할 수밖에 없는 운명임을 증명하는 가장 강력한 논리다.

둘째, 입사 후 포부를 말할 때 그들은 개인의 꿈이 아닌, '회사를 위한 성장 지도'를 눈앞에 펼쳐 보인다. 여기서 대부분의 지원자는 또다시 함정에 빠진다. 그들은 자신의 포부를 말하라고 하니, 정말로 자신의 개인적인 꿈을 고백한다. "열심히 배우겠습니다"라며 학생이 되기를 자처하거나, "회사의 주역이 되겠습니다"처럼 손에 잡히지 않는 구름 같은 약속을 한다. 최악의 경우는 "10년 안에 임원이 되겠습니다"라며 현실 감각 없는 야망을 드러내는 것이다. 이 모든 답변의 공통점은 '그래서 회사에 당장 어떤 이득이 있는데?'라는 질문에 답하지 못한다는 점이다.

합격자의 전략은 간단하다. 그들은 자신의 성장을 철저히 회사의 이익과 등치시킨다. 그들의 포부는 나의 성장 계획이 아니라, **'나의 성장을 통한 회사의 이익 실현 계획'**이다. 이것은 단순히 시간 순서로 계획을 나열하는 것이 아니다. 당신의 가치를 극대화하는 세 가지 설계 방법이 있다.

가치를 극대화하는 3가지 설계 방법

① '기여-확장-혁신' 3단계 사다리
가장 안정적이고 정석적인 방법이다. 당신이 조직에 스며들어 점차 영향력을 키워나가는 과정을 보여준다.
- 1단계(기여): "입사 초기에는 이 직무의 핵심 역량을 완벽하게 흡수하여, 팀에 신뢰를 주는 동료가 되겠습니다." (먼저 적응하고 기여하겠다는 겸손함)
- 2단계(확장): "이후에는 저의 OOO 역량을 활용하여 현재 팀이 가

진 OOO 문제를 개선하고, 업무의 효율을 높이는 데 직접적으로
기여하겠습니다." (자신의 강점으로 기존의 것을 개선)
- 3단계(혁신): "그리고 이 경험들을 바탕으로, 새로운 가치를 창출
하는 OOO 프로젝트를 먼저 제안하고 이끌어 나가는 인재로 성장
하겠습니다." (새로운 가치를 창출)

② '문제 해결사'의 로드맵
기업 분석을 통해 파악한 회사의 명확한 문제점을 정조준하는 공격적
인 방법이다.
- 1단계(문제 정의): "저는 귀사가 현재 OOO라는 문제에 직면해있다
고 파악했습니다." (문제의 본질을 이해하고 있음을 증명)
- 2단계(해결책 제시): "입사 후, 저는 가장 먼저 저의 OOO 경험을 활
용하여 이 문제의 원인을 진단하고, 구체적인 해결 방안을 실행에
옮기겠습니다." (해결책을 가지고 있음을 선포)
- 3단계(성과 측정): "그리고 그 결과를 OOO라는 지표를 통해 측정
하고 개선하여, 최종적으로 이 문제를 해결하는 성과를 보여드리
겠습니다." (결과에 대해 책임지겠다는 전문가의 태도)

③ '시너지'의 청사진
팀 플레이어로서의 가치를 극대화하는 방법이다.
- 1단계(강점 인정): "저는 이 팀이 OOO라는 분야에서 독보적인 강
점을 가지고 있다고 알고 있습니다." (기존 팀에 대한 존중)
- 2단계(차별점 제시): "저는 그에 더해, OOO라는 저만의 차별화된
강점을 가지고 있습니다." (당신이 가져올 새로운 가치)
- 3단계(시너지 제안): "팀의 기존 강점과 저의 강점이 결합된다면,
이전에는 어려웠던 OOO라는 더 높은 차원의 목표를 달성할 수 있
다고 확신합니다." (1+1=3을 만들겠다는 제안)

이것은 막연한 꿈이 아니다. 당신의 성장이 어떻게 회사의 이익으로 치환되는지를 보여주는 구체적인 청사진이다. 이 청사진을 본 면접관은 더 이상 당신의 이탈이나 정체를 걱정하지 않는다. 대신 당신이라는 안전 자산에 투자했을 때 얻게 될 미래의 수익률을 계산하기 시작한다.

동기와 포부는 개인적 바람이 아니라 회사에 대한 전략적 제안이어야 한다. 면접관의 '이 사람을 뽑아도 괜찮을까?'라는 불안을 '이 사람을 놓치면 안 되겠다'는 확신으로 전환시키는 것이 핵심이다.

면접관의 불안을 확신으로 바꾸는 워크지

당신의 막연한 동기와 포부를 면접관의 채용 불안을 해소하는 강력한 근거로 재설계하라. 이 전략을 완성한 당신은 더 이상 불확실한 지원자가 아닌 신뢰할 수 있는 파트너가 된다.

STEP 1: 지원동기 전략 설계 – 운명적 매칭의 논리 구축

1-1 나의 전문가적 목표 설정

Q 당신이 이 직무를 통해 이루고 싶은 구체적이고 측정 가능한 '전문가적 목표'를 적어보자.

✔TIP! 막연한 성공이 아닌 명확한 전문성 방향을 제시하라.

- _____

Q 구체적 목표를 적어보자.

- _____

1-2 지원한 곳의 독보적 강점 분석

Q 이곳이 다른 곳과 차별화되는, 당신의 목표 달성에 필수적인 독특한 강점은 무엇인지 적어보자.

- 선택한 강점: _____
- 구체적 설명: _____

_____

1-3 Win-Win 논리 완성

Q 위 내용을 바탕으로 상호 이익의 필연성을 논리적으로 구축하여 적어보자.

예 "저는 [구체적 전문가 목표]라는 명확한 방향성을 가지고 있습니다. 이를 달성하기 위해서는 [지원한 곳의 독보적 강점]이 필수적이며, 동시에 저의 [핵심 역량]은 귀사의 [특정 목표/과제] 달성에 직접적으로 기여할 수 있습니다."

■ 완성된 지원동기: _____

_____

STEP 2: 합격 후 포부 전략 – 지원한 곳 중심의 성장 시나리오

2-1 3가지 성장 시나리오 설계

Q 시나리오 A: 점진적 기여 모델

■ 초기 기여 (3~6개월): 어떤 기존 업무를 빠르게 습득하여 팀에 안정감을 줄 것인가?

_____

■ 역량 확장 (6개월~2년): 나만의 강점을 활용해 어떤 업무 영역을 개선/확장할 것인가?

_____

■ 주도적 혁신 (2년 이후): 어떤 새로운 프로젝트나 변화를 제안하고 이끌 것인가?

_____

Q 시나리오 B: 문제 집중 해결 모델

■ 타깃 문제: 회사가 해결하려는 핵심 과제 중 내가 집중할 문제는?

_____

- 해결 전략: 이 문제를 해결하기 위한 나만의 접근법과 역량은?

- 성과 지표: 성공을 입증할 구체적이고 측정 가능한 지표는?

Q 시나리오 C: 시너지 창출 모델
- 팀 강점 인식: 합류할 팀/부서의 핵심 강점과 성과는 무엇인가?

- 나의 차별점: 내가 가져올 수 있는 새로운 관점이나 역량은?

- 시너지 효과: 두 강점이 결합되면 어떤 더 큰 가치를 만들 수 있나?

2-2 최적 시나리오 선택 및 근거 설정
Q 가장 강력한 시나리오 선택하여 체크해보자.
- ☐ 시나리오 A: 점진적 기여 모델
- ☐ 시나리오 B: 문제 집중 해결 모델
- ☐ 시나리오 C: 시너지 창출 모델

- 선택 근거 (왜 이 시나리오가 지금 이 회사에게 가장 매력적인지):

2-3 리스크 대응 전략

Q 예상되는 면접관의 우려사항을 체크해보자.

☐ "정말 실행 가능한 계획인가?"

☐ "너무 이상적이지 않나?"

☐ "회사 상황을 정확히 파악하고 있나?"

☐ "다른 직장으로 이직할 가능성은?"

■ 선택한 우려에 대한 구체적 대응: _____

_____

STEP 3: 통합 전략 완성

3-1 핵심 메시지 정리

■ 30초 지원동기 요약: _____

■ 60초 포부 요약: _____

■ 면접관이 기억할 한 문장: _____

3-2 질문 유도 전략

Q 내 답변을 들은 면접관이 물어보길 원하는 후속 질문을 적어보자.

1. _____

2. _____

3. _____

Q 가장 확신 있게 답할 수 있는 질문과 그에 대한 답변을 적어보자.

- --

- --

최종 전략 검증

☐ 구체성: 막연한 표현 대신 측정 가능한 목표를 제시했는가?

☐ 상호성: 일방적 요구가 아닌 상호 이익을 논리적으로 구성했는가?

☐ 차별성: 다른 지원자와 구별되는 독특한 관점을 담았는가?

☐ 실현성: 실제로 달성 가능하고 구체적인 계획을 세웠는가?

☐ 일관성: 지원동기와 포부가 논리적으로 일치하는가?

최종 전략 요약

- 핵심 포지셔닝: --

- 차별화 포인트: --

- 기대 효과: --

- 리스크 대응: --

CHAPTER 3

학업·경력 질문,
신뢰할 만한 전문가로 각인되기

자기소개서에 작성한 경력에 대한 질문은 당신의 전문성을 검증하는 과정이다. "자기소개서에 쓰신 OOO 프로젝트 경험에 대해 더 자세히 설명해 보시죠." 라는 질문은 당신의 기억력을 테스트하는 퀴즈가 아니다. 이것은 당신의 과거가 이 회사의 미래에 쓸모가 있는지를 검증하는, 가장 날카롭고 본질적인 질문이다. 면접관은 당신의 과거 그 자체가 궁금한 것이 아니다. 그는 당신의 경험이라는 파편들을 하나로 꿰어, '그래서 당신이 우리에게 어떤 가치를 줄 수 있는가'라는 그림을 완성하고 싶어 한다. 이 그림을 완성시켜주지 못하는 지원자는 단지 과거 경험을 가진 사람에 지나지 않는다.

면접관의 머릿속에는 단 하나의 의심이 존재한다. 당신이 말하는 그 전문성은 진짜인가, 아니면 그저 서류 위에 박제된 단어에 불과한가? 그는 당신이 단순히 그 프로젝트에 참여했던 사람이 아니라, 그곳에서 의미 있는 결과를 만들어낸 사람인지를 확인하고 싶어 한다. 당신의 모든 과거는 이 회사의 미래를 위한 자산이거나, 혹은 아무 상관없는 비용일 뿐이다. 면접관은 지금 당신이라는 자산의 가치를 냉정하게 평가하고 있는 것이다.

🔆 사실 나열, 과대 포장은 실패 지름길

이 질문의 진짜 의도를 모르는 평범한 지원자들은 두 가지 치명적인 오류를 저지른다. 첫째, 그들은 '역사가'가 되어 자신이 진행한 모든 것을 시간 순서대로 나열한다. "저희 팀은 먼저 아이디어 회의를 했고, 그 다음에는 역할을 분담해서 각자 자료 조사를 했습니다." 그래서 뭘 어쨌다는 것인가? 이 사실의 나열은 면접관에게 아무런 의미도 주지 못하는 소음이다. 그는 당신의 경험 목록이 아니라, 그 경험의 '의미'를 듣고 싶어 한다.

둘째, 그들은 '과대 포장'의 덫에 빠진다. 별것 아닌 역할을 부풀려 프로젝트의 성패를 좌우한 영웅처럼 이야기한다. 하지만 수많은 지원자를 만나온 면접관은 당신의 포장지가 얼마나 얇은지 10초 안에 간파한다. 과장은 당신의 신뢰도를 바닥으로 떨어뜨리는 가장 확실한 자살 행위다.

🔆 합격자는 연결고리, 영향력, 공식을 제시한다

그렇다면 합격자는 어떻게 자신의 과거를 미래의 가치로 바꾸는가. 그들의 전략은 명확하다.

첫째, 그들은 모든 과거를 현재의 직무와 연결하는 '다리'를 놓는다. 그들은 이렇게 말한다. "제가 OOO 프로젝트를 통해 얻은 가장 큰 자산은, OOO라는 문제 해결 능력입니다. 이는 현재 이 직무에서 가장 중요하게 요구되는 OOO 역량과 직접적으로 연결됩니다. 특히 당시 OOO라는 방식으로 문제를 해결했던 경험은, 귀사의 OOO 문제를 해결하는 데 즉시 기여할 수 있다고 확신합니다." 이것은 단순한 경험의 나열이 아니다. 당신의 과거가 어떻게 회사의 이익으로 직결될 수 있는지를 보여주는 가장 명쾌한 논증이다.

둘째, 그들은 자신이 한 '일(What I did)'을 말하는 것이 아니라, 그 일이 만들어낸 '영향력(What I changed)'을 증명한다. 그들은 이렇게 말한다. "그 프로젝트에서 저의 역할은 단순히 주어진 OOO 업무를 처리하는 것이 아니었습니다. 저는 팀이 가진 진짜 문제, 즉 비효율적인 OOO 방식을 OOO으로 개선하는 데 집중했습니다. 그 결과, 팀의 업무 처리 시간을 평균 15% 단축시키는 성과를 만들어냈습니다. 이 경험은 저에게 '주어진 일을 하는 사람'이 아니라 '판을 바꾸는 사람'이 되는 법을 가르쳐주었습니다." 이것은 업무 보고가 아니다. 당신 한 사람이 조직에 어떤 긍정적인 변화를 만들어낼 수 있는지를 보여주는 가장 강력한 증거다.

셋째, 가장 높은 수준의 합격자는 여기서 한 단계 더 나아간다. 그들은 성공 경험을 통해 얻은 '자신만의 성공 공식'을 제시한다. 그들은 이렇게 말한다. "이 경험을 통해 저는 중요한 원칙 하나를 배웠습니다. 대부분의 문제는 기술이 부족해서가 아니라, 소통 방식이 비효율적이기 때문에 발생한다는 것입니다. 그래서 저는 '가장 먼저 소통의 규칙부터 정의한다'는 저만의 문제 해결 공식을 만들었습니다. 이 공식은 이후 제가 참여한 모든 프로젝트의 성공 확률을 극적으로 높여주었습니다." 이 것은 당신이 단지 운이 좋아 성공한 것이 아니라, 성공의 원리를 이해하고 그것을 다른 상황에서도 재현할 수 있는 사람임을 증명하는 것이다. 면접관은 당신에게서 한 번의 성공이 아닌, 지속 가능한 성공의 가능성을 보게 된다.

결국 이 세 가지 전략은 하나의 목표를 향한다. 당신의 과거 경험을 통해 면접관의 머릿속에 '이 사람이 우리 회사에 입사하여 일하는 모습'을 생생하게 그려주는 것이다. 당신의 과거는 단순히 지나간 시간을 의미하는 것이 아닌, 당신의 미래 가치를 증명하는 가장 확실한 증거물이자, 면접관이 당신을 뽑아야만 하는 이유 그 자체가 된다.

과거 경험은 단순한 이력이 아니라 미래 성과를 예측할 수 있는 가장 강력한 지표다. 평범한 경험도 올바른 프레임으로 재구성하면 당신만의 독특한 가치로 전환할 수 있다.

당신의 과거를 미래 가치로 바꾸는 전략 워크지

당신의 평범한 경험으로 면접관의 마음속에 당신의 잠재력을 각인시킬 수 있는 강력한 증거로 변환하는 프로세스를 실행하라.

STEP 1: 경험 선별 및 직무 연결성 구축

1-1 핵심 경험 선별

Q 자기소개서나 이력서의 경험 중 다음 기준을 모두 만족하는 경험에 체크해보자.

☐ 구체적인 결과나 성과가 있는 경험

☐ 자신의 역할과 기여도가 명확한 경험

☐ 어려움을 극복한 과정이 포함된 경험

☐ 배운 점이나 깨달음이 있는 경험

- 선택한 경험: _____

_____

_____

1-2 직무 역량 매칭 분석

Q 해당 직무의 채용공고에서 요구하는 핵심 역량들을 적어보자.

1. _____

2. _____

3. _____

Q 위 경험이 증명할 수 있는 가장 핵심적인 직무 역량을 적어보자.

- 연결된 핵심 역량:

1-3 전략적 연결 문장 작성

Q 위에서 정리한 내용을 아래와 같이 정리하여 적어보자.

예 "제가 [경험명]을 통해 개발한 가장 중요한 역량은 [핵심 역량]입니다.
이는 [지원 직무]에서 [구체적 업무 상황]에 직접적으로 활용될 수 있는 핵심 능력입니다."

- 완성된 연결 문장:

STEP 2: 변화와 임팩트 구조화

2-1 상황 분석 (Before)

Q 당신이 개입하기 전의 상황을 구체적으로 적어보자.

- 구체적 상황 서술:

2-2 행동과 결과 (Action & After)

Q 그 상황에서 당신이 취한 행동을 구체적으로 적어보자.

- 당신이 취한 구체적인 행동:

- 그 결과 만들어진 변화를 적어보자.

☐ 정량적 결과 (숫자, 지표, 데이터): _____

☐ 정성적 변화 (분위기, 만족도, 인식): _____

2-3 임팩트 증명 문장 완성

Q 이를 토대로 완성된 임팩트 문장을 적어보자.

> 예 "저는 [문제 상황]이라는 어려움에 직면했을 때, [구체적 행동]을 통해 [측정 가능한 결과]를 달성했습니다. 이는 단순한 업무 처리를 넘어 [더 큰 의미나 가치]를 만들어낸 경험이었습니다."

- 완성된 임팩트 문장: _____

_____

STEP 3: 성공 공식 및 재현성 증명

3-1 핵심 원리 추출

Q 이 성공 경험에서 가장 중요했던 접근법이나 원칙과 경험을 통해 배운 교훈을 적어보자.

- 핵심 원리와 교훈: _____

_____

3-2 성공 공식 네이밍

Q 위의 원리를 간단하고 기억하기 쉬운 이름으로 적어보자.

- 나의 성공 공식명: _____

3-3 재현 가능성 증명

Q 이 공식이 다른 상황에서도 활용 가능함을 보여주는 추가 사례나 계획을 적어
보자.

■ 추가 활용 사례/계획: _____

_____

Q 위의 내용을 바탕으로 완성된 공식 제시 문장을 적어보자.

예 "이 경험을 통해 저는 '[핵심 원리]'라는 중요한 접근법을 체득했습니다.
이를 '[성공 공식명]'이라고 명명했으며, 이후 [추가 사례/향후 계획]에서도 동일
한 원리를 적용하여 성과를 창출할 수 있다고 확신합니다."

■ 완성된 공식 문장: _____

_____

STEP 4: 스토리 통합 및 최종 검증

4-1 완성된 경험 스토리 (1분 버전)

Q STEP 1~3을 하나의 흐름 있는 스토리로 통합하여 적어보자.

■ _____

_____

_____

4-2 핵심 메시지 압축 (30초 버전)

Q 가장 중요한 포인트만 추출한 요약본을 적어보자.

■ _____

4-3 유도 질문 설계

Q 이 스토리를 들은 면접관이 물어보길 원하는 후속 질문을 적어보자.

1.
2.
3.

Q 준비된 질문에 대한 답변을 적어보자.

■

CHAPTER 4

성과 경험 질문,
숫자로 증명하고 확신을 주어라

💡 증인석에 앉아있는 당신, 숫자로 확신을 주어라

면접관은 당신의 화려한 미사여구보다 그 뒤에 숨겨진 진짜 성과를 보고 싶어 한다. "가장 큰 성과를 냈던 경험에 대해 이야기해 보시죠." 이 질문은 당신의 성공담을 듣고 감동하기 위함이 아니다. 당신의 자기소개서와 이전 답변들이 주장이었다면, 지금 이 순간은 그 주장을 뒷받침할 '증거'를 제시해야 하는 시간이다. 당신은 지금, 당신의 유능함을 증명해야 하는 증인석에 앉아있다.

면접관은 당신의 말을 믿고 싶어 하면서도 동시에 믿지 못하는 배심원과 같다. 그의 머릿속은 '이 지원자는 말만 번지르르한 사람은 아닐까?'라는 합리적 의심으로 가득 차 있다. 그래서 당신이 노력했다는 정황 증거나 팀이 성공했다는 주변인(팀원)의 증언에는 관심이 없다. 그가 원하는 것은 당신이 직접 만들어낸, 누구도 반박할 수 없는 명백한 물적 증거, 바로 '숫자'다.

이 증인석의 무게를 모르는 평범한 지원자들은 두 가지 방식으로 증언에 실패한다. 첫째, 그들은 사건의 전말을 장황하게 설명한다. "저는 OOO 문제를 해결하기 위해, 밤을 새워 자료를 분석하고, 팀원들과 수많은 회의를 거쳐 보고서를 작성했습니다." 배심원은 지루해하며 "그래서 결과는 무엇입니까?"라고 묻는다. 과정의 고단함은 증거가 될 수 없다. 둘째, 그들은 자신이 아닌 '우리'를 증인으로 내세운다. "저희 팀은 매출을 20% 상승시켰습니다." 배심원은 즉시 "증인은 '팀'이 아니라 '당신'입니다. 당신은 그 20% 중 얼마만큼의 지분을 가지고 있습니까?"라고 반박한다. 증거 없는 증언은 기각될 뿐이며, 당신의 신뢰도는 바닥으로 떨어지게 된다.

💡 증거, 스토리, 미래로 승리하라

그렇다면 최고의 변호사(합격자)는 이 증언을 어떻게 승리로 이끄는가.

첫째, 그는 가장 먼저 '증거물(Exhibit A)'을 제출한다. 그는 장황한 배경 설명으로 배심원을 지치게 만들지 않는다. 대신, 가장 강력한 증거를 가장 먼저 던진다. "저는 신규 고객 유입률을 15% 개선한 경험이 있습니다." 이 한 문장으로 법정의 모든 시선이 집중된다. 당신은 더 이상 '열심히 한 사람'이 아니라, '결과를 만들어내는 사람'으로 각인된다. 숫자는 그 자체로 가장 강력한 증거물이다.

둘째, 그는 증거물에 '결정적인 스토리'를 부여한다. 숫자만으로는 부족하다. 그 숫자가 왜 위대한지를 설명해야 한다. "단순히 15%의 성장을 이룬 것이 아닙니다. 이 성과는 경쟁이 가장 치열했던 20대 시장에서, 최소한의 마케팅 비용으로 얻어낸 결과였습니다. 이 성공을 통해 저희 팀은 OOO라는 새로운 성공 방정식을 발견할 수 있었습니다." 이것은 단순한 자랑이 아니다. 당신이 눈앞의 성과를 넘어, 그 성과가 가진 전략적 의미와 비즈니스의 본질을 이해하고 있음을 증명하는 것이다.

셋째, 그는 이 증거가 '미래의 승리'를 약속함을 논증한다. 과거의 증거가 미래에도 유효함을 증명해야 한다. "이 경험을 통해 얻은 OOO라는 성공 공식은, 현재 귀사가 고민하고 있는 OOO 문제를 해결하는 데에도 직접적으로 기여할 수 있다고 확신합니다." 이것이 결정타다. 당신의 과거 성과는 더 이상 지나간 영광이 아니다. 그것은 이 회사의 미래 문제를 해결할 가장 확실한 무기이자, 배심원이 당신에게 '합격'을 선고해야만 하는 이유가 된다.

결국 이 모든 증언은 하나의 목표를 향한다. 당신은 단순히 숫자를 자랑하는 사람이 아니다. 당신은 그 숫자에 의미를 부여하고, 그 의미를 미래의 가치로 연결하는 전략가다. 이 완벽한 증언 앞에서 면접관의 머릿속을 가득 채웠던 '이 지원자를 믿을 수 있을까?'라는 불안은 '이 지원자와 함께라면 반드시 이길 수 있겠다'는 확신으로 바뀐다. 성과 경험 질문은 당신을 심판하는 자리가 아니다. 그것은 당신이 면접관의 가장 깊은 불안을 잠재우고, 그를 당신의 가장 든든한 아군으로 만들 수 있는 절호의 기회다.

성과는 단순한 과거 기록이 아니라 미래 성과를 예측하는 가장 강력한 지표다. 구체적인 증거와 재현 가능한 공식을 제시할 때, 면접관의 확신을 얻을 수 있다.

당신의 성과를 '필살기'로 만드는 증거 설계도

당신의 성공 경험을 면접관의 뇌리에 각인될 반박 불가능한 '증거'로 재설계하라. 이 설계도를 완성하는 순간, 당신은 자신의 가치를 명확하게 입증하는 주인공이 된다.

STEP 1: 핵심 성과 선별 및 증거 확보

1-1 대표 성과 선별

Q 당신의 경험 중에서 다음 기준을 만족하는 가장 강력한 성공 사례를 적어보자.

■ 선택한 성과: _____

1-2 핵심 증거 수치 확보

Q 그 성과를 가장 강력하게 보여주는 하나의 숫자나 지표를 적어보자.

■ 나의 핵심 증거 수치: _____

1-3 임팩트 헤드라인 작성

Q 위 수치를 활용한 강력한 오프닝 문장을 적어보자.

예 "저는 [구체적 상황]에서 [핵심 수치]를 달성한 경험이 있습니다."

■ 완성된 헤드라인: _____

_____

STEP 2: 맥락과 기여도 명확화

2-1 상황 배경 설정 (Before)

Q 그 성과가 더욱 의미 있게 보이는 당시 상황을 구체적으로 적어보자.

- 상황 유형 체크
☐ 시장/경쟁 환경이 어려웠음
☐ 리소스/예산 제약이 있었음
☐ 시간적 압박이 있었음
☐ 기존 방식으로는 한계가 있었음

- 구체적 상황 서술: --

2-2 개인 기여도 명확화

Q 그 성과에서 팀이 아닌 '당신만의' 결정적 역할은 무엇이었는지 적어보자.

- 기여 유형 선택
☐ 문제 발견/정의
☐ 해결책 기획/설계
☐ 실행 주도/관리
☐ 개선/최적화

- 나의 핵심 기여: --

2-3 성과의 진정한 의미 해석

Q 단순한 수치를 넘어서, 그 성과가 가진 더 큰 의미나 파급 효과를 설명하여 적어
보자.

예 "단순히 [수치]를 달성한 것이 아닙니다. 이 성과는 [어려운 상황]에서 [나만의
접근법]을 통해 얻어낸 결과였으며, [더 큰 의미나 파급 효과]를 만들어냈습니다."

- 완성된 의미 해석: --

STEP 3: 재현 가능성과 미래 가치 연결

3-1 성공 공식 추출

Q 이 성과를 만들어낸 핵심 방법론이나 접근법을 체계화하여 적어보자.

- 공식 요소 분석

  - 핵심 원리: _____

  - 주요 단계: _____

  - 핵심 도구/방법: _____

- 나의 성공 공식 (한 문장): _____

3-2 회사 문제와의 연결점 발굴

Q 지원 회사가 현재 직면한 과제 중에서 당신의 성공 공식이 해결할 수 있는 것은 무엇인지 적어보자.

- 선택한 과제: _____

3-3 미래 기여 가치 제안

Q 과거 성과를 근거로 한 구체적인 미래 기여 방안을 제시하여 적어보자.

예 "이 경험을 통해 개발한 [성공 공식]은 귀사의 [구체적 과제]를 해결하는 데 직접적으로 기여할 수 있습니다. 특히 [구체적 적용 방안]을 통해 [예상 결과]를 달성할 수 있다고 확신합니다."

- 완성된 가치 제안: _____

  _____

STEP 4: 통합 스토리 완성

4-1 완성된 성과 스토리 (1분 버전)

Q STEP 1~3의 내용을 하나의 논리적 흐름으로 통합하여 적어보자.

예 구조: 헤드라인 → 상황 배경 → 나의 기여 → 성과 의미 → 미래 가치

4-2 핵심 메시지 압축 (30초 버전)

- 가장 중요한 포인트만 추린 요약본: -------------------------------

4-3 예상 후속 질문 대비

Q 이 스토리를 들은 면접관이 물어볼 가능성이 높은 질문들을 적어보자.

1. "구체적으로 어떤 방법을 사용했나요?"

- 답변 준비: ---

2. "그 과정에서 가장 어려웠던 점은?"

- 답변 준비: ---

3. "같은 방법이 우리 회사에도 적용 가능한가요?"

- 답변 준비: ---

CHAPTER 5

실패 경험 질문,
책임 전가 vs 성장 마인드

💡 실패 앞에서 도망치는가, 지배하는가

면접관이 당신에게 가장 치명적인 질문을 던진다. "살면서 가장 크게 실패했던 경험이 있다면 한번 말씀해 주시겠어요?" 이 질문은 당신의 약점을 공격하기 위한 함정이 아니며, 당신이라는 인간의 가장 깊은 곳, 즉 역경 앞에서 당신이 어떤 종류의 사람이 되는지를 확인하는 최후의 인성 테스트다. 면접관의 머릿속은 단 하나의 질문으로 가득 차 있는데, '이 사람은 예측 불가능한 위기 상황에서 남 탓을 하며 무너질 사람인가, 아니면 실패를 딛고 더 강해질 사람인가?' 하는 것이다. 그는 당신의 실패담 그 자체가 궁금한 것이 아니다. 대신 그는 실패라는 바이러스에 대한 당신의 면역 체계를 보고 싶어 한다. 당신의 답변은 당신이 책임을 회피하는 사람인지, 아니면 실패마저 자산으로 만드는 성장형 인간인지를 판가름하는 가장 결정적인 증거가 된다.

이 질문의 진짜 의도를 모르는 평범한 지원자들은 세 가지 길 위에서 자멸한다. 첫 번째 길은 '완벽한 인간'인 척하는 오만의 길로, "저는 크게 실패해 본 경험이 없습니다. 늘 최선을 다했기 때문에…"라는 말은 면접관에게 당신을 '실패도 안 해본 풋내기' 혹은 '자신을 돌아볼 줄 모르는 사람'으로 낙인 찍히게 한다. 두 번째 길은 '남 탓'으로 책임을 전가하는 비겁함의 길로, "팀원들의 비협조적인 태도 때문에 프로젝트가 실패했습니다"라는 말은 당신에게 '문제가 생기면 동료를 비난할 사람'이라는 꼬리표를 달게 된다. 마지막 길은 사소한 실패 뒤로 숨는 유약함의 길로, "늦잠을 자서 시험을 망친 경험이 있습니다"와 같은 답변은 당신이 진짜 역경을 마주해 본 적 없는 온실 속 화초임을 증명할 뿐이다.

💡 실패를 '성장의 증거'로 재설계하라

그렇다면 합격자는 어떻게 이 위기를 최고의 기회로 만드는가. 그의 첫 수는 실패의 소유권을 100% 자신에게로 가져오는 것이다. 그는 변명하지 않으며, "그 실패의 가장 큰 원인은 다른 누구도 아닌 바로 저의 미숙한 판단 때문이었습니다"라고 말한다. 이 한마디로 그는 책임을 회피하지 않는 정직하고 용감한 사람이라는 신뢰를 얻는다. 실패의 고통에 매몰되는 대신, 그는 실패의 시신을 해부하여 사인을 분석한다. 그는 "제가 부족했습니다"에서 끝나지 않고, "당시 저는 '열심히만 하면 된다'는 잘못된 생각에 빠져, 명확한 계획과 데이터 분석 없이 주먹구구식으로 일을 처리했습니다. 그것이 실패의 진짜 원인이었습니다."라고 말한다. 이 냉철한 분석은 당신이 실패의 감정에 휘둘리는 사람이 아니라, 실패의 원인을 시스템의 문제로 파악하고 교훈을 얻는 전략가임을 증명한다.

그리고 이것이 결정타다. 그는 그 실패의 잿더미 속에서 '자신만의 성공 공식'이라는 불사조를 탄생시킨다. "그 실패 이후, 저는 모든 일을 시작하기 전에 반드시 '최악의 시나리오'를 먼저 설계하고, '데이터에 기반한 명확한 계획'을 세우는 원칙을 갖게 되었습니다. 그리고 이 원칙을 적용한 다음 프로젝트에서는 이전보다 2배 빠른 속도로 목표를 달성할 수 있었습니다."라는 답변은 단순한 교훈이 아니다. 당신이 실패라는 비싼 수업료를 내고 '성공을 재현할 수 있는 자신만의 시스템'을 얻었음을 증명하는 것이며, 면접관은 당신에게서 한 번의 성공이 아닌, 지속 가능한 성공의 가능성을 보게 된다.

실패 경험 질문은 당신의 과거를 심판하는 자리가 아니다. 그것은 당신이 자신의 실패마저 통제하고 지배하여 미래의 성공을 만들어낼 수 있는 사람인지를 증명할 유일한 기회다. 이 질문 앞에서 당신은 도망칠 것인가, 아니면 지배할 것인가. 합격자는 언제나 후자를 택한다.

어려웠던 경험은 성장의 가장 강력한 증거가 될 수 있다. 중요한 것은 그 경험에서 무엇을 배웠고, 어떻게 발전했는지를 보여주는 것이다. 이는 당신이 지속적으로 학습하고 개선할 수 있는 사람임을 증명하는 가장 설득력 있는 방법이다.

ACTION PLAN **실패를 최고의 성장 스토리로 바꾸는 워크지**

실패는 감추는 것이 아니라, 성장의 증거로 재설계하는 것이다. 이 워크지를 통해 당신의 어려웠던 경험을 자기계발과 전문성 향상을 증명하는 강력한 사례로 만들어라.

STEP 1: 학습 기회 선정 및 책임감 있는 접근

1-1 성장 기회가 된 경험 선별

Q 다음 기준을 만족하는 경험을 선택해보자.

- 선별 기준

☐ 본인의 판단이나 접근 방식이 핵심 요인이었던 경험

☐ 명확한 교훈을 얻을 수 있었던 경험

☐ 이후 개선된 결과를 만들어낼 수 있었던 경험

☐ 전문성 향상에 도움이 되었던 경험

- 선택한 경험: _____

_____

1-2 책임감 있는 시작 문장 작성

Q 자신의 역할과 책임을 명확히 인정하는 문장을 적어보자.

예 "[프로젝트/상황명]에서 기대했던 결과를 얻지 못한 가장 큰 이유는 제 [구체적 부족한 점]이었다고 생각합니다."

- 완성된 시작 문장:

_____

_____

STEP 2: 근본 원인 분석 및 시스템적 사고

2-1 깊이 있는 원인 분석

Q 표면적 이유를 넘어 근본적인 문제점을 찾아 체크해보자.

- 원인 분석
- □ 계획/준비 과정의 문제
- □ 의사소통/협업 방식의 한계
- □ 데이터/정보 분석 부족
- □ 시간/리소스 관리 미숙
- □ 새로운 영역에 대한 이해 부족

- 근본 원인 선택: --

- 구체적 분석: --

2-2 원인 분석 문장 완성

Q 객관적이고 체계적인 분석 결과를 표현하여 적어보자.

예 "이 경험을 되돌아보니, 핵심 문제는 [근본 원인]이었습니다. 당시 저는 [구체적 상황]에 대한 이해가 부족했고, [개선이 필요했던 접근 방식]을 사용했습니다."

- 완성된 분석 문장: ---

STEP 3: 학습과 개선 원칙 도출

3-1 핵심 학습 내용 정리

Q 이 경험을 통해 얻은 가장 중요한 깨달음이나 원칙은 무엇인지 적어보자.

- 나의 핵심 학습: _____

  _____

3-2 실행 가능한 개선 원칙 수립

Q 앞으로 비슷한 상황에서 적용할 구체적인 원칙이나 방법론을 정의하여 적어보자.

예 "이 경험 이후로 저는 '[구체적 원칙이나 방법론]'을 항상 적용하고 있습니다. 이는 [원칙의 핵심 내용]을 통해 [기대 효과]를 달성하는 것입니다."

- 완성된 개선 원칙: _____

  _____

STEP 4: 성장 증거 제시 및 성과 연결

4-1 적용 성공 사례 발굴

Q 개선된 원칙을 적용하여 더 나은 결과를 얻은 경험을 찾아서 적어보자.

- 성공 사례 요소

- 상황: _____

- 적용한 개선점: _____

- 달성한 결과: _____

- 이전 대비 향상점: _____

4-2 성장 스토리 통합 완성

Q 4단계 흐름이 자연스럽게 연결되는 완성된 답변을 적어보자.

예 구조: 경험 소개 + 책임감 있는 인정 + 원인 분석 + 학습 내용 + 개선 원칙 + 성공적 적용

- 완성된 성장 스토리: _____
  _____
  _____
  _____

STEP 5: 전략적 완성도 검증

5-1 후속 질문 대비

Q 답변을 들은 면접관이 물어볼 가능성이 높은 질문들에 대한 답변을 적어보자.

1. "그 원칙을 다른 상황에서도 적용할 수 있나요?"

- 답변 준비: _____

2. "비슷한 어려움이 생기면 어떻게 대처하시겠어요?"

- 답변 준비: _____

3. "그 경험에서 가장 중요한 교훈은 무엇이었나요?"

- 답변 준비: _____

최종 전략 정리

- 학습 경험: _____

- 핵심 교훈: _____

- 개선 원칙: _____

- 적용 성과: _____

- 성장 증거: _____

CHAPTER 6

갈등 경험 질문,
불편한 질문이 점수로 바뀌는 순간

💡 갈등은 '전염병', 당신은 의사인가 숙주인가

당신은 팀워크를 친목과 착각한다. 좋은 게 좋은 것이고, 갈등은 무조건 피해야 할 나쁜 것이라고 믿는다. 이 착각이야말로 당신이 면접에서 떨어지는 가장 근본적인 이유다. 면접관이 갈등 경험을 묻는 것은 당신의 인간관계가 궁금해서가 아니다. 그는 알고 있다. 모든 조직에는 반드시 갈등이라는 바이러스가 창궐한다는 사실을 말이다. 그는 지금 당신이 이 전염병 앞에서 원인을 분석하고 해결책을 제시하는 '의사'인지, 아니면 바이러스를 온 몸으로 받아들여 팀 전체를 감염시키는 '숙주'인지를 확인하려는 것이다.

이 질문 앞에서 당신이 "저는 갈등을 겪어본 적이 없습니다"라고 말하는 순간, 당신은 "저는 단 한 번도 아파본 적 없는 무균 인간입니다"라고 말하는 것과 같다. 면접관은 당신을 세상 물정 모르는 거짓말쟁이로 판단한다. 반대로, "그 동료는 정말 비협조적이었습니다"라고 말하는 순간, 당신은 "저는 바이러스에 감염되었습니다"라고 소리치는 숙주가 된다. 당신이 동료를 비난하는 그 순간, 면접관의 머릿속에는 당신이 입사 후 팀원들과 불화하고, 서로를 헐뜯으며, 조직 전체의 에너지를 갉아먹는 끔찍한 미래가 파노라마처럼 펼쳐진다.

💡 아마추어는 '사람', 프로는 '시스템'을 말한다

그렇다면 이 치명적인 바이러스 앞에서, 합격자는 어떻게 자신을 증명하는가. 그는 절대로 '사람'에 대해 이야기하지 않는다. 아마추어가 "그 사람이 문제였습니다"라고 말할 때, 합격자는 "우리가 일하는 방식, 즉 '시스템'에 문제가 있었습니다"라고 말한다.

그는 갈등을 개인의 감정 문제가 아닌, 목표 달성을 가로막는 '시스템의 오류'로 재정의한다. 이것이 바로 의사의 진단법이다.

그는 이렇게 증언을 시작한다. "OOO 프로젝트 당시, 저와 동료는 각자 다른 방식으로 목표에 접근했고, 이로 인해 프로젝트 전체가 지연될 뻔한 위기가 있었습니다." 그는 '누가 옳고 그른지'를 말하지 않는다. 대신, 두 전문가의 다른 접근법이 충돌했다는 '현상'만을 객관적으로 묘사한다.

그리고 그는 갈등의 증상이 아닌 '원인'을 분석한다. "저희의 논쟁을 복기해 본 결과, 진짜 문제는 각자의 주장이 아니라 프로젝트 초기에 우리 팀 모두가 '성공의 기준'에 대해 명확한 합의를 하지 않았다는 점이었습니다. 저는 속도를, 동료는 안정성을 각자 다른 성공 기준으로 삼고 있었기에 충돌은 필연적이었습니다." 이 진단은 당신이 감정에 휘둘리는 대신, 문제의 근본 원인을 파고드는 분석가임을 증명한다.

마지막으로 그는 타협이 아닌, '더 나은 시스템'이라는 처방전을 제시한다. "그래서 저희는 논쟁을 멈추고, 성공의 기준을 '속도 70%, 안정성 30%'로 명확히 재정의하는 작업부터 다시 시작했습니다. 그 기준 위에서 각자의 아이디어를 재평가했고, 두 가지 방식의 장점을 합친 OOO라는 새로운 시스템을 만들 수 있었습니다. 이 경험을 통해 저는, 갈등이 생겼을 때 사람을 바꾸려 할 것이 아니라, 그들이 함께 따를 수 있는 명확한 시스템을 만드는 것이 리더의 역할임을 배웠습니다." 이 답변을 들은 면접관은 당신에게서 무엇을 보았는가. 그는 단순히 갈등을 잘 해결하는 팀원이 아니라, 갈등이라는 증상을 통해 조직의 시스템적 문제를 진단하고, 더 나은 해결책을 설계할 줄 아는 미래의 리더를 보았다.

갈등 경험 질문은 당신의 인성을 심판하는 자리가 아니다. 그것은 당신이 아마추어인지, 프로인지를 증명하는 가장 수준 높은 무대다.

갈등은 조직의 면역 반응이다. 훌륭한 의사는 열이 나는 환자를 미워하지 않는다. 대신 열의 원인을 찾아 치료한다. 당신도 갈등 상황에서 그런 의사가 되어야 한다. 사람을 고치려 하지 말고, 시스템을 치료하라.

ACTION PLAN 갈등을 성장의 기회로 바꾸는 워크지

갈등은 조직의 면역 체계가 작동하는 신호다. 이 워크지를 통해 당신이 팀을 분열시키는 바이러스가 아니라, 문제를 진단하고 해결하는 '전문의'임을 증명하라.

STEP 1: 표면 증상이 아닌 '근본 병인'을 찾아라

1-1 사건 기록부 작성

Q 당신이 직면했던 가장 복잡한 '갈등' 상황을 의료진처럼 객관적으로 적어보자.

▪ ---

1-2 아마추어의 오진 (절대 금지)

Q 그 갈등의 원인을 '사람의 성격'이나 '개인적 문제'로 진단한다면 어떻게 말할지 적어보자. ✔ **TIP!** 이것이 바로 99%의 지원자가 빠지는 함정이다.

예 금지된 진단
  - "그 동료가 너무 고집이 세서..."
  - "부서장님이 소통을 잘 안 해주셔서..."
  - "그 팀원은 협조적이지 않았고..."

▪ 나의 위험한 오진: ---

1-3 전문의의 정확한 진단 (승부수)

Q 그 갈등의 진짜 원인을 '시스템 오류, 프로세스 부재, 목표 불일치' 등 구조적 문제로 재진단하여 적어보자.

▪ 진단 카테고리 선택

☐ 목표/기준 설정의 모호성

☐ 의사소통 시스템의 부재

☐ 역할과 책임의 불분명함

156

□ 정보 공유 프로세스 결함

□ 성과 측정 기준의 충돌

- 나의 전문적 진단: ⎯⎯⎯⎯⎯⎯⎯⎯⎯⎯⎯⎯⎯⎯⎯⎯⎯⎯⎯⎯⎯⎯

⎯⎯⎯⎯⎯⎯⎯⎯⎯⎯⎯⎯⎯⎯⎯⎯⎯⎯⎯⎯⎯⎯⎯⎯⎯⎯⎯⎯⎯⎯⎯⎯

STEP 2: 개인이 아닌 '시스템'에 수술을 가하라

2-1 과거 처방의 솔직한 기록

Q 당신은 그때 실제로 어떻게 대응했는가? 미화하지 말고 정직하게 적어보자.

- ⎯⎯⎯⎯⎯⎯⎯⎯⎯⎯⎯⎯⎯⎯⎯⎯⎯⎯⎯⎯⎯⎯⎯⎯⎯⎯⎯⎯⎯

⎯⎯⎯⎯⎯⎯⎯⎯⎯⎯⎯⎯⎯⎯⎯⎯⎯⎯⎯⎯⎯⎯⎯⎯⎯⎯⎯⎯⎯⎯⎯⎯

2-2 새로운 처방전 설계

Q STEP 1-3에서 진단한 시스템 오류를 치료하기 위한 당신만의 '외과적 처방'을 설계해보자.

처방 유형 예시

- '기준점 재정의 수술': 모호한 목표를 명확한 지표로 전환
- '소통 채널 이식': 정보 공유 시스템을 새로 구축
- '역할 경계 재설정': 업무 분담을 명확히 재정의

- 나의 처방전: "진단 결과, 핵심 문제는 ⎯⎯⎯⎯⎯⎯⎯⎯⎯⎯⎯이었습니다.

  따라서 저는 ⎯⎯⎯⎯⎯⎯⎯⎯⎯라는 처방을 내렸습니다."

- 완성된 처방: ⎯⎯⎯⎯⎯⎯⎯⎯⎯⎯⎯⎯⎯⎯⎯⎯⎯⎯⎯⎯⎯⎯⎯

⎯⎯⎯⎯⎯⎯⎯⎯⎯⎯⎯⎯⎯⎯⎯⎯⎯⎯⎯⎯⎯⎯⎯⎯⎯⎯⎯⎯⎯⎯⎯⎯

STEP 3: 감정이 아닌 '데이터'로 결과를 증명하라

3-1 치료 결과 보고서

Q 당신의 처방이 실제로 어떤 결과를 만들어냈는가? 가능한 한 구체적으로 적어보자.

- 결과 측정 지표
- ☐ 프로젝트 진행 속도 변화
- ☐ 팀 커뮤니케이션 빈도/품질 개선
- ☐ 의견 충돌 빈도 감소
- ☐ 최종 산출물 품질 향상
- ☐ 팀원 만족도 변화

- 측정 가능한 결과: ....

3-2 핵심 학습 추출

Q '수술' 경험을 통해 당신이 체득한 갈등 해결의 핵심 원리는 무엇인지 적어보자.

- 학습 완성: "이 경험을 통해 저는 갈등이 발생했을 때 .... 가

  아니라 .... 을 먼저 점검해야 한다는 중요한 원칙을 배웠습니다."

- 나의 핵심 학습: ....

  ....

STEP 4: 최종 진단서 발행

4-1 완벽한 케이스 완성

Q 위 내용을 종합하여, 당신을 갈등 해결의 전문가로 인증하는 최종 진단서를 적어보자.

예 진단서 : "_____ 상황에서 동료와 견해 차이가 발생했습니다.

초기에는 개인적 성향의 차이라고 생각했지만, 심층 분석 결과 진짜 문제는 [전문적 진단]에 있었습니다.

그래서 저는 [구체적 처방]을 실행했고, 그 결과 [측정 가능한 개선]을 달성할 수 있었습니다.

이 경험을 통해 [핵심 학습]이라는 갈등 해결의 핵심 원리를 체득했습니다."

■ 나의 최종 진단서:

4-2 응급실 메모 (면접 시 주의사항)

■ 절대 금지 처방 (독이 되는 답변)

- "그 사람이 문제였어요" (환자 탓하기)

- "저는 잘못이 없었어요" (책임 회피)

- "결국 제가 참고 넘어갔어요" (소극적 대응)

- "상사가 해결해줬어요" (타인 의존)

■ 특효약 처방 (약이 되는 답변)

- "시스템의 문제를 발견했습니다" (구조적 접근)

- "제가 중재 역할을 했습니다" (적극적 해결)

- "새로운 프로세스를 제안했습니다" (혁신적 사고)

- "모두가 win-win 할 수 있는 방법을 찾았습니다" (통합적 해결)

CHAPTER 7

협업·리더십 질문, 주도성으로 협력을 이끌어라

면접관은 당신에게 하나의 질문으로 A와 B 중 하나를 선택하도록 강요한다. "리더십을 발휘했던 경험이 있나요? 아니면 주로 팀을 서포트하는 편입니까?" 이 질문은 당신이 '팀워크'라는 단어의 무게를 얼마나 깊이 이해하고 있는지를 측정하는 교묘한 함정이다. 이 함정 앞에서 대부분의 지원자는 영웅이 되거나, 혹은 조력자가 되는 양자택일의 오류에 빠진다. 면접관의 머릿속은 하나의 거대한 딜레마에 빠져 있는데, 그는 팀을 장악하려는 '독재자'를 뽑을까 두려워하는 동시에 아무런 주관 없이 휩쓸려 다니는

'유령'을 들일까 봐 공포에 떤다. 그가 보고 싶은 것은 영웅도, 조력자도 아니다. 그는 팀의 성공이라는 공동의 목표를 위해, 때로는 지휘자가 되고 때로는 최고의 연주자가 될 줄 아는 유연한 전문가를 찾고 있다. 이 질문은 당신이 팀의 성공을 위해 얼마나 다채로운 역할을 수행할 수 있는지를 확인하려는 것이다.

이 질문의 진짜 의도를 모르는 평범한 지원자들은 두 가지 비극적인 시나리오 중 하나를 택한다. 첫 번째 시나리오는 '나 홀로 영웅 서사'다. "팀이 위기에 빠졌을 때, 제가 주도적으로 나서서 역할을 분담하고 팀을 이끌어 성공시켰습니다." 이 답변은 당신을 유능하게 보이게 할 순 있으나, 면접관의 귀에는 "저 혼자 잘났고, 다른 팀원들은 무능했습니다"라는 오만한 독백으로 들릴 뿐이다. 두 번째 시나리오는 '헌신적인 조력자 신파'다. "저는 다른 팀원들의 의견을 경청하고, 그들이 업무를 잘 마칠 수 있도록 궂은 일을 도맡아 했습니다." 이 답변 또한 당신을 착한 사람으로 보이게 할 순 있으나, 면접관은 당신을 '자기 의견 하나 없는 수동적인 사람'으로 판단하고 당신의 이름 위로 조용히 붉은 줄을 긋는다.

💡 판을 읽고 규칙을 바꿔라

그렇다면 합격자는 이 같은 양자택일의 함정 위에서 어떻게 춤을 추는가. 그는 리더십과 팀워크를 별개의 것으로 보지 않는다. 그는 팀의 성공 확률을 높이기 위해, **'게임의 규칙' 자체를 새로 설계했던 경험**을 이야기한다. 즉, '내가 팀을 이끌었다'고 말하지 않고, 대신 '팀이 스스로 길을 찾도록 만들었다'고 말한다. 그는 이렇게 증언한다. "○○○ 프로젝트 당시, 팀원들의 아이디어가 중구난방으로 흩어져 진전이 없었습니다. 저는 리더를 자처하는 대신, 모두의 아이디어를 객관적으로 평가할 수 있는 '평가 기준표'를 만들자고 제안했습니다." 이 한마디로 그는 내가 정답을 알고 있는 독재자가 아니라, '우리 모두가 정답을 찾게 돕겠다'는 현명한 설계자의 위치를 선점한다.

그는 내가 팀원을 도왔다고 말하지 않고, 대신 '팀의 잠재력이 폭발하는 환경을 만들었다'고 말한다. "그 평가 기준표 위에서, 저희는 각자의 아이디어를 자유롭게 비판하고 발전시킬 수 있었습니다. 그 과정에서 처음에는 주목받지 못했던 한 동료의 아이디어가 가장 높은 점수를 받았고, 저희는 만장일치로 그 아이디어를 채택했습니다." 이것은 당신이 개인의 공을 탐하는 사람이 아니라, 팀 전체의 시너지를 통해 최적의 답을 찾아내는 과정을 즐기는 사람임을 증명한다.

그리고 결정타로, 그는 '나의 리더십'이나 '나의 희생'을 강조하지 않는다. 그는 '더 나은 시스템이 만들어낸 팀의 위대한 승리'를 이야기한다. "결과적으로 저희는 그 아이디어를 발전시켜 최고의 성과를 낼 수 있었습니다. 저는 이 경험을 통해, 훌륭한 리더는 앞에서 이끄는 사람이 아니라, 최고의 아이디어가 누구에게서든 나올 수 있는 '건강한 시스템'을 만드는 사람이라는 것을 배웠습니다." 이 답변을 들은 면접관은 당신에게서 무엇을 보았는가. 그는 단순히 갈등을 잘 해결하는 팀원이 아니라, 갈등이라는 증상을 통해 조직의 시스템적 문제를 진단하고, 더 나은 해결책을 설계할 줄 아는 미래의 리더를 보았다.

협업과 리더십은 선택의 문제가 아니다. 그것은 하나의 목표를 향해 달려가는 과정에서 당신이 얼마나 지능적으로 자신의 역할을 바꿀 수 있는지를 증명하는, 가장 수준 높은 지성의 문제다.

진정한 리더는 게임에서 이기는 사람이 아니라, 이길 수밖에 없는 게임을 설계하는 사람이다. 당신이 만든 시스템이 당신 없이도 작동할 때, 그때 비로소 당신은 진짜 게임 체인저가 된 것이다.

ACTION PLAN '게임 체인저'의 역할 설계 워크지

이 워크지는 당신을 팀원이나 리더라는 뻔한 프레임에서 해방시켜, 팀을 승리로 이끄는 판을 설계하는 '게임 체인저'로 재탄생시키는 과정이다.

STEP 1: 당신의 낡은 서사를 완전히 폐기하라

1-1 경험 선별

Q 팀워크나 리더십 상황에서 당신이 중요한 역할을 했던 가장 의미 있는 프로젝트를 선택해서 적어보자.

■ ··

1-2 영웅 서사 (절대 금지 시나리오)

Q 만약 당신이 이 경험을 '나 혼자 팀을 구원한 영웅'의 관점에서 포장할 경우 어떨지 적어보자.

✔ **TIP!** 이것이 바로 90%의 지원자가 빠지는 자기만족의 함정이다.

금지된 영웅담 예시

- "팀원들이 혼란스러워할 때, 제가 나서서 방향을 제시했습니다"
- "다들 포기하려 했지만, 저 혼자 끝까지 버텨서 성공시켰습니다"
- "제가 아이디어를 내서 프로젝트를 완전히 바꿔놨습니다"

- 나의 위험한 영웅담: ··

1-3 희생양 서사 (역시 금지 시나리오)

Q 만약 당신이 이 경험을 '팀을 위해 묵묵히 희생한 조력자'의 관점에서 미화할 경우 어떨지 적어보자.

- "갈등을 피하기 위해 제 의견을 양보했습니다"
- "팀원들을 위해 힘든 일을 대신 떠안았습니다"
- "조용히 뒤에서 서포트하는 역할에 충실했습니다"

- 나의 지루한 희생담: --

STEP 2: 진짜 적을 찾고, 새로운 게임의 법칙을 창조하라

2-1 진정한 문제 진단

Q 그 프로젝트에서 진짜 적은 '사람'이 아니었다. 팀의 잠재력을 가로막았던 근본적인 '시스템 오류'는 무엇이었는지 적어보자.

- 시스템 오류 진단

☐ 명확한 목표나 기준의 부재

☐ 의사결정 프로세스의 혼란

☐ 정보 공유 시스템의 결함

☐ 역할과 책임의 모호함

☐ 성과 측정 기준의 부재

- 우리 팀의 진짜 적: ---

2-2 혁신적 시스템 설계

Q 그 문제를 해결하기 위해 당신이 제안한 (또는 제안했어야 했던) 창조적인 '게임의 새로운 규칙'은 무엇인지 적어보자.

- 내가 설계한 새로운 게임: "기존의 --------------------------------- 방식 대신,

------------------------------라는 새로운 시스템을 제안했습니다."

■ 완성된 새 규칙: ··

··

2-3 시스템의 효과 검증

Q 당신이 설계한 새로운 게임 규칙이 실제로 어떤 변화를 만들어냈는지 적어보자.

■ 구체적 성과: ··

STEP 3: 게임 체인저 선언문 완성

3-1 최종 서사 구축

Q 위 내용을 종합하여, 당신을 팀의 성공을 설계하는 전략적 사고자로 증명할 완벽한 스토리를 완성해보자.

예 게임 체인저 선언문: "_____ 프로젝트에서 [구체적 상황]이 발생했습니다.
처음에는 개인적 역량이나 성향 차이 때문이라고 생각했지만,
심층 분석 결과 진짜 문제는 [시스템 오류]에 있었습니다.
그래서 저는 기존의 접근법을 완전히 뒤집어, [혁신적 시스템]을 제안했습니다.
그 결과 [구체적 성과]를 달성할 수 있었고, 저는 이 경험을 통해 진정한 리더십은
앞에서 끌고가는 것이 아니라, 팀이 스스로 승리할 수 있는 '판'을 설계하는 능력
임을 깨달았습니다."

■ 나의 게임 체인저 선언문: ··

··

··

··

··

3-2 게임 체인저의 무기고 (면접 실전 가이드)

■ 구식 무기 (버려야 할 표현들)

- "제가 팀을 이끌었습니다" → 낡은 영웅주의

- "모두가 저를 따라왔습니다" → 자기도취의 함정

- "희생정신으로 도왔습니다" → 인상 없는 조력자

- "갈등을 중재했습니다" → 수동적 개입

■ 신식 무기 (써야 할 표현들)

- "시스템 자체를 재설계했습니다" → 구조적 사고

- "새로운 게임 규칙을 만들었습니다" → 혁신적 접근

- "팀이 스스로 성공하도록 판을 짰습니다" → 전략적 리더십

- "기존 프로세스의 맹점을 발견했습니다" → 분석적 통찰

CHAPTER 8

장단점 질문,
불안 대신 신뢰를 심어라

가장 평범한 질문이 가장 치명적인 함정이다

"본인의 장점과 단점이 뭐라고 생각하세요?" 장단점 질문은 단순히 당신의 자기 PR 능력을 확인하는 과정이 아니다. 면접관은 당신의 '장점'과 '단점' 따위에는 애초에 관심이 없다. 그가 진짜 알고 싶은 것은 딱 두 가지다. 첫째, **'당신은 우리에게 지금 당장 돈 값을 할 사람인가?'** 둘째, **'당신은 미래에 우리에게 예측 불가능한 골칫거리가 될 사람인가?'** 이 질문 앞에서 대부분의 지원자는 준비해온 모범 답안을 읊는다. "저의 장점은 소통 능력입니다.", "저의 단점은 지나친 완벽주의입니다." 이 답변들은 틀리지 않았다. 다만, 면접관의 기억에 1초도 남지 않을 뿐이다. 이 답변들은 아무런 힘도, 색깔도 없는 '유령 답변'이다. 당신의 존재감을 지워버리는 가장 확실한 방법이다.

그렇다면 합격자는 이 평범한 질문을 어떻게 자신을 각인시키는 결정적 기회로 만드는가. 그는 자신의 장점을 유령처럼 만들지 않는다. 그는 세 단계를 통해 자신의 장점을 이 회사를 위한 '전략 무기'로 만든다.

첫째, 그는 자신의 장점에 '이름'을 붙여준다. 아마추어가 "저의 장점은 소통 능력입니다"라고 막연하게 말할 때, 합격자는 그 소통 능력에 구체적인 이름을 붙여준다. "저는 '공동의 목표를 설정하여 동기를 부여하는' 소통 방식에 강점이 있습니다." 이 한 문장만으로, 당신의 소통 능력은 평범함의 굴레에서 벗어나, 구체적인 가치를 지닌 특별한 기술이 된다.

둘째, 그는 그 이름이 진짜임을 '증거'로 증명한다. 강력한 이름만으로는 부족하다. 그것이 진짜임을 증명할 증거가 필요하다. "실제로 OOO 프로젝트 당시, 각자 다른 의견으로 흩어져 있던 팀원들에게 '고객 만족도 10% 향상'이라는 단 하나의 공동 목표를 제시하고 설득하여, 모두의 에너지를 한 방향으로 모았던 경험이 있습니다." 이것은 당신의 장점이 단순한 주장이 아니라, 과거의 성과로 증명된 사실임을 보여준다.

셋째, 그는 그 무기가 이 회사에 왜 필요한지를 '연결'한다. 이것이 결정타다. "이러한 저의 소통 방식은, 다양한 부서와의 협업이 필수적인 귀사의 OOO 직무에서 최고의 시너지를 만들어낼 것이라고 확신합니다." 이로써 당신의 장점은 과거의 유물이 아니라, 이 회사의 미래에 기여할 살아있는 무기가 된다.

💡 단점은 약점이 아니라 전략적 트레이드오프다

그리고 이제, 진짜 승부의 순간이 온다. 합격자는 자신의 단점을 사과하거나 변명하지 않는다. 그는 방금 말한 자신의 강력한 장점이 만들어내는 '필연적인 그림자'로서 자신의 단점을 재정의한다. 하지만 그는 그 그림자를 지우려 하지 않는다. 오히려 그 그림자야말로 이 무대(회사)에 가장 필요한 빛이라고 역설한다. 합격자는 이렇게 말한다. "하지만 저의 이러한 강점은 때로는 단점으로 비치기도 합니다. 저는 팀의 '공동 목표 달성'이라는 큰 그림에 지나치게 몰입한 나머지, 때로는 과정상의 모든 의견을 수렴하기보다 가장 빠른 길을 택해 실행에 옮길 때가 있다는 피드백을 받곤 합니다.”

여기서 멈추지 않는다. 합격자는 이 단점이 왜 이 회사에서는 오히려 장점이 되는지를 논증한다. “이것은 안정성을 최우선으로 하는 조직에서는 분명 단점이 될 수 있습니다. 하지만 속도와 실행력이 무엇보다 중요한 귀사와 같은 성장하는 조직에서는, 저의 이러한 성향이 오히려 목표 달성을 앞당기는 가장 강력한 엔진이 될 것이라고 확신합니다.”

이 답변을 들은 면접관은 당신에게서 무엇을 보았는가. 그는 당신의 단점을 본 것이 아니다. 그는 자신의 강점과 약점의 관계를 완벽하게 이해하고 있으며, 심지어 그 약점마저 회사의 성공을 위한 전략적 자산으로 치환할 줄 아는, 압도적인 통찰력을 가진 인재를 보았다. 당신은 단점을 통해 이 회사에 얼마나 완벽하게 들어맞는 사람인지를 역설적으로 증명해냈다. 이것이 바로 평범한 질문을, 당신이라는 사람의 격을 증명하는 최고의 무대로 만드는 합격자의 전략이다.

진정한 전략가는 자신의 약점까지 무기로 만드는 사람이다. 당신의 그림자마저 이 회사의 빛이 될 수 있다면, 그때 당신은 거부할 수 없는 후보가 된다.

이것은 자기 분석이 아니다. 당신의 약점마저 강점으로 치환하여, 당신이 이 회사에 얼마나 완벽하게 들어맞는 인재인지를 증명하는 고도의 전략 설계다.

STEP 1: 당신의 장점을 '전략 무기'로 업그레이드하라

1-1 평범한 장점 선별

Q 당신이 생각하는 가장 대표적이지만 평범한 장점을 적어보자.

✓ **TIP!** 소통능력, 책임감, 꼼꼼함, 추진력, 창의성 등 누구나 말하는 뻔한 것들

▪ ---

1-2 전략적 재브랜딩

Q 그 평범한 장점에 당신만의 경험과 철학을 입혀 구체적이고 강력한 '새로운 정체성'을 부여해보자.

> 재브랜딩 예시

- 소통능력 → "갈등을 합의로 전환하는 중재 시스템"
- 책임감 → "프로젝트 리스크를 예측하고 사전에 차단하는 방어막"
- 꼼꼼함 → "품질 저하 요소를 사전 탐지하는 정밀 레이더"
- 추진력 → "정체된 상황을 돌파구로 전환하는 가속 엔진"

- 나의 재브랜딩된 장점: ---

1-3 핵심 증거물 확보

Q 그 새로운 정체성이 허풍이 아님을 증명할 가장 강력한 성공 사례를 적어보자.

▪ ---

1-4 회사와의 전략적 연결

Q 그 장점이 이 회사의 핵심 과제나 목표에 어떻게 직접 기여할 수 있는지 적어보자.

- _____

STEP 2: 장점의 '필연적 그림자'를 발견하고 소유하라

2-1 그림자 진단

Q STEP 1의 강력한 장점이 만들어내는 '필연적 부작용'을 적어보자.

✅ **TIP!** 모든 강점에는 그림자가 있다. 이를 인정하는 것이 진정성의 시작이다.

그림자 패턴 예시

- "갈등 중재 능력" → 때로는 신속한 결정보다 합의를 우선시할 수 있음
- "리스크 예측 능력" → 가끔은 과도한 검증으로 속도가 늦어질 수 있음
- "품질 정밀 탐지" → 완벽주의 성향으로 일정이 지연될 가능성
- "돌파구 창출 능력" → 안정성보다 변화를 선호하는 경향

- 나의 필연적 그림자: _____

2-2 솔직한 인정 문장 작성

Q 이 그림자를 변명 없이, 겸손하게 인정하는 문장을 완성해보자.

예 "하지만 이러한 저의 강점은 때로는 [구체적 상황]에서 [예상되는 부작용]을 만들어낼 수 있습니다."

- 나의 솔직한 인정: _____

_____

STEP 3: 단점을 '이 회사 전용 장점'으로 화학 변화시켜라

3-1 회사 DNA 분석

Q 이 회사의 가장 핵심적인 특성이나 추구 가치를 적어보자.

■ 회사 특성

☐ 빠른 성장과 실행력 (스타트업형)

☐ 안정성과 신뢰성 (대기업형)

☐ 혁신과 창의성 (테크형)

☐ 고객 만족과 서비스 (서비스형)

☐ 글로벌 경쟁력 (진출형)

■ 선택한 회사 특성: --

3-2 화학적 역전 논리 구축

Q 당신의 '그림자'가 바로 이 회사의 특성 때문에 오히려 '최고의 자산'이 되는 이유를 논리적으로 적어보자.

예 역전 논리: "하지만 [회사의 핵심 특성]을 가진 귀사에서는, 저의 이러한 성향이 오히려 [구체적 이유]로 인해 [기대되는 긍정적 결과]를 만들어낼 가장 적합한 역량이라고 확신합니다."

■ 나의 화학적 역전 논리: --

STEP 4: 완벽한 장단점 통합 전략 완성

4-1 최종 통합 답변 설계

Q STEP 1~3을 하나의 논리적 흐름으로 완성해보자.

예 완벽한 구조: "제 가장 큰 강점은 [재브랜딩된 장점]입니다. [핵심 증거]를 통해 이를 증명할 수 있으며, 이는 귀사의 [회사 목표]에 [구체적 기여 방식]로 도움이

될 것입니다.

다만 이러한 강점은 [필연적 그림자]라는 면도 있습니다.

하지만 [회사 특성]을 추구하는 귀사에서는 저의 이러한 성향이 오히려 [역전 논리]가 될 것이라고 확신합니다."

■ 나의 완벽한 장단점 전략: --

4-2 최후의 무기고 (실전 가이드)

■ 금지된 무기들 (절대 사용 금지)

- "단점이 없습니다" → 거짓말쟁이 인증

- "완벽주의가 단점입니다" → 뻔한 클리셰

- "너무 열심히 해서..." → 가짜 겸손

- "아직 부족한 점이 많습니다" → 자신감 부족

■ 전략적 무기들 (적극 활용)

- "이러한 강점은 때로는..." → 균형 잡힌 자기인식

- "하지만 귀사와 같은 조직에서는..." → 상황적 적합성

- "이를 보완하기 위해..." → 발전 의지

- "오히려 이것이 귀사에게는..." → 전략적 역전

CHAPTER 9

가치관 질문,
회사 문화와 딱 맞는 퍼즐로 어필하기

면접관은 당신의 스펙을 넘어, 당신이라는 인간의 가장 근본적인 코드를 확인하고 싶어 한다. "우리 회사에서 일하는 것 외에, 인생에서 가장 중요하게 생각하는 가치는 무엇입니까?" 이것은 당신의 철학을 듣고 감동하기 위한 질문이 아니다. 이것은 당신이라는 존재가 우리 조직의 혈액형과 일치하는지를 확인하는 DNA 검사다. 아무리 뛰어난 능력을 가진 이식 장기라도, 혈액형이 다르면 몸 전체를 파괴하는 독이 될 뿐이다. 면접관은 지금 당신이 우리 조직에 새로운 활력을 불어넣을 수혈 팩인지, 아니면

거부 반응을 일으킬 이물질인지를 필사적으로 가려내고 있는 것
이다.

💡 두 개의 함정, 앵무새와 철학자

이 DNA 검사 앞에서, 대부분의 지원자들은 두 개의 거대한 함
정 중 하나에 빠져 자신의 부적합성을 증명한다. 첫 번째 함정은
'회사의 홈페이지를 암송하는 앵무새'가 되는 것이다. "귀사의 핵
심 가치가 '도전'이라고 알고 있습니다. 저 또한 도전을 가장 중요
한 가치로 생각합니다." 이 말을 듣는 순간, 면접관은 당신을 '자
신의 철학이 없는, 맹목적인 추종자'로 판단한다. 그는 당신의 앵
무새 같은 목소리 뒤에 숨겨진 공허함을 본다. 두 번째 함정은 훨
씬 더 교묘하다. 바로 '고고한 철학가'를 연기하는 것이다. "저는
'정직'을 가장 중요하게 생각합니다. 모든 관계의 기본은 신뢰이
며, 그 신뢰는 정직에서 나온다고 믿기 때문입니다." 이 답변은 틀
리지 않았다. 다만, 회사와 아무런 상관이 없을 뿐이다. 면접관은
당신의 도덕 강의를 듣고 싶은 것이 아니다. 그는 당신의 그 '정
직'이라는 가치가 우리 회사의 '이익'과 어떻게 연결되는지를 듣
고 싶어 한다. 이 두 유형의 본질적인 오류는 같다. 그들은 자신의

가치관을 '회사와 아무 상관없는, 나만의 신념'으로 고립시킨다.

💡 스토리로 회사의 가치를 증명하라

그렇다면 합격자는 어떻게 이 검사에서 완벽하게 일치한다는 판정을 받는가. 그는 회사의 가치를 암송하지 않는다. 그는 자신의 인생을 관통하는 하나의 스토리를 통해, 자신이 이미 회사의 가치관을 온몸으로 살아내고 있는 사람임을 증명한다. 그는 먼저, 회사가 공식적으로 내세우는 도전이나 열정 같은 단어 뒤에 숨겨진, '진짜 일하는 방식'을 꿰뚫어 본다. 만약 이 회사가 수많은 실패에도 불구하고 빠르게 신제품을 출시하는 회사라면, 그들의 진짜 가치는 도전이 아니라 '완벽보다 빠른 실행'일 것이다.

그리고 그는 그 가치를 자신의 인생 스토리와 연결한다. 그는 이렇게 말한다. "저는 인생에서 '완벽한 계획보다, 빠른 실행을 통해 얻는 배움'을 가장 중요한 가치로 생각합니다. 대학 시절, 저희 팀은 완벽한 보고서를 만들기 위해 한 달 내내 회의만 했습니다. 저는 팀원들에게 '일단 가장 단순한 버전으로 만들어보고, 교수님께 피드백을 받는 것이 더 빠르다'고 설득했습니다. 처음에는 반대가 심했지만, 결국 저희는 일주일 만에 프로토타입을 완성했고, 수많은 피드백을 통해 다른 팀들이 한 달 동안 만든 것보다 훨씬 더 뛰어난 결과물을 만들 수 있었습니다. 저는 이 경험을 통해, 진짜 성장은 책상이 아니라 시장에서 이루어진다는 것을 온몸으로 깨달았습니다.”

이 답변을 들은 면접관은 당신에게서 무엇을 보았는가. 그는 '도전'이라는 단어를 앵무새처럼 따라 하는 지원자가 아니라, 이미 '빠른 실행'이라는 회사의 DNA를 온몸에 지니고 있는 동료를 보았다. 그는 당신의 가치관을 평가한 것이 아니다. 그는 당신의 스토리를 통해, 당신이 입사 첫날부터 우리와 같은 언어로 숨 쉬고, 같은 속도로 달릴 수 있는 사람이라는 확신을 얻었을 뿐이다. 가치관 질문은 당신의 철학을 고백하는 자리가 아니다. 그것은 **당신의 과거 스토리가 이 조직이라는 새로운 세계에 들어설 수 있는 유일한 통행증임을 증명하는 마지막 관문**이다.

진정한 핏(fit)은 만들어지는 것이 아니라 발견되는 것이다. 당신과 회사가 서로를 찾아낸 순간, 그것이 바로 운명이다. 하지만 그 운명도 당신이 증명해야 현실이 된다.

ACTION PLAN 당신의 DNA를 회사의 미래와 연결하는 워크지

이것은 당신의 철학 시험이 아니다. 당신이 이 조직의 혈액형과 일치하는지를 증명하는 유일한 기회다. 이 워크지를 통해 당신의 가치관을 회사가 거부할 수 없는 '운명적 매칭'으로 만들어라.

STEP 1: 회사의 '진짜 DNA'를 투시하라

1-1 공식 가치의 함정 파악

Q 회사 홈페이지나 채용공고에 나와 있는 뻔한 핵심 가치(키워드)들을 나열하여 적어보자.

✔ **TIP!** 혁신, 도전, 열정, 고객 중심, 소통, 성장 등 어느 회사나 쓰는 진부한 단어들

■ 회사의 공식 가치: _____

1-2 진짜 DNA 탐정 작업

Q 화려한 단어들 뒤에 숨겨진, 이 회사만의 진짜 '행동 원리'를 추론하여 적어보자.

> **진짜 DNA 해석 예시**

■ "혁신" → 실패를 두려워하지 않고 빠른 시행착오를 선호한다.
■ "고객 중심" → 모든 의사결정을 데이터와 사용자 피드백 기반으로 한다.
■ "도전" → 안정적 성장보다 과감한 투자와 확장을 추구한다.

■ 이 회사의 진짜 DNA (행동 원리): _____

_____

STEP 2: 당신 인생의 '결정적 증거물'을 발굴하라

2-1 DNA 매칭 스토리 탐색

Q STEP 1-2에서 분석한 회사의 진짜 DNA와 완벽하게 일치하는 당신의 인생 경험을 찾아보자.

> **스토리 발굴 가이드**

- 어떤 상황에서 그 가치관대로 행동했는가?
- 그 선택이 어려웠지만 왜 그 길을 택했는가?
- 그 결과로 무엇을 얻었고 무엇을 배웠는가?

- 나의 결정적 스토리: --

2-2 핵심 가치관 추출 및 명명

Q 그 스토리를 통해 드러나는, 당신이 인생에서 절대 타협하지 않는 핵심 신념을 한 문장으로 적어보자.

예 가치관 정의: "저는 인생에서 '[구체적 가치/원칙]'을 가장 중요하게 생각합니다."
- "완벽한 준비보다 빠른 실행을 통한 학습을 더 중요하게 생각합니다"
- "개인의 성과보다 팀 전체의 성장을 우선시합니다"
- "안정성보다 변화를 통한 발전 기회를 선택합니다"

- 나의 핵심 가치관: ---

2-3 가치관의 구체적 증거 보강

Q 그 스토리를 통해 드러나는, 당신이 인생에서 절대 타협하지 않는 핵심 신념을 그 가치관이 입증된 또 다른 사례나 일상적 행동 패턴이 있다면 추가로 기록해보자.

- --

STEP 3: 운명적 연결고리 완성

3-1 DNA 일치 증명서 작성

Q STEP 1-2의 회사 DNA와 STEP 2-2의 개인 가치관이 어떻게 완벽하게 일치하는지 논리적으로 연결하여 적어보자.

예 연결 논리 : "제가 중요하게 생각하는 [개인 가치관]은 귀사가 실제로 추구하시는 [회사 DNA]와 정확히 같은 방향을 향하고 있습니다."

■ 구체적 연결점: _____

_____

3-2 최종 운명 선언문 완성

Q 위 모든 내용을 하나의 설득력 있는 스토리로 통합하여 적어보자.

예 완벽한 구조 : "저는 인생에서 [핵심 가치관]을 가장 중요하게 생각합니다. [구체적 스토리]를 통해, 저는 [스토리에서 얻은 교훈]을 깊이 체득했습니다. 이는 귀사가 실제로 추구하시는 [회사의 진짜 DNA] 방식과 놀랍도록 일치하며, 제가 입사 첫날부터 귀사의 속도와 방향에 완벽하게 동조할 수 있는 사람이라는 확실한 증거라고 생각합니다."

■ 나의 운명적 연결 선언문: _____

_____

_____

_____

_____

STEP 4: 진정성 검증 및 완성도 점검

4-1 예상 후속 질문 대비

Q 이 답변을 들은 면접관이 물어볼 가능성 높은 질문들을 찾아 적어보자.

1. "그 가치관 때문에 어려움을 겪은 적은 없나요?"

■ 답변 준비: _____

2. "다른 회사에서도 같은 말씀을 하시겠어요?"

■ 답변 준비: _____

3. "그 가치관이 실제 업무에서 어떻게 발현될까요?"

■ 답변 준비: _____

4-2 DNA 불일치 경고 (주의사항)

■ 위험 신호들
- "저도 도전을 좋아합니다" (뻔한 앵무새)
- "회사 가치관에 100% 동의합니다" (가짜 완벽주의)
- "어떤 회사든 적응할 자신 있습니다" (주관 없는 카멜레온)

■ 합격 신호들
- "저의 이런 경험이 귀사의 이런 방식과 정확히 일치합니다" (구체적 매칭)
- "이 부분에서는 제가 기여할 수 있는 차별화된 관점이 있습니다" (독특한 가치)
- "귀사에서라면 제 가치관을 가장 잘 발휘할 수 있을 것 같습니다" (상호 발전)

CHAPTER 10

압박 질문,
당황할수록 점수는 올라간다

압박 질문은 당신이 공들여 준비해온 모든 각본을 찢어버리고, 예측 불가능한 혼돈 속에서 **당신의 '날것' 그대로를 관찰하기 위한 충격 요법**이다. "성적이 다른 지원자에 비해 낮은 편인데, 학업에 소홀했던 것 아닙니까?" 이것은 당신의 답변 내용을 듣기 위한 질문이 아니다. 면접관은 당신의 논리 회로가 스트레스 앞에서 어떻게 타버리는지, 당신의 감정 제어 시스템이 얼마나 쉽게 고장 나는지를 보고 싶어 한다. 당신의 답변 내용은 중요하지 않다. 당신의 흔들리는 동공, 굳어버린 표정, 빨라지는 목소리 톤. 그 모든 것이 당신의 진짜 점수가 된다.

압박 면접의 심리를 지배하는 것은 당신에 대한 의심이 아니다. 그것은 '지루함'이다. 면접관은 오늘 당신과 똑같은 가면을 쓴, 비슷한 스펙의 지원자들을 수없이 만나왔다. 그의 뇌는 이미 자동 응답 모드다. 압박 질문은 이 지루한 패턴을 깨부수는 유일한 망치다. 그는 당신의 지식보다 심리적 내구도를 확인하는 무대다.

이 충격 요법의 본질을 모르는 평범한 지원자들은 세 가지 방식으로 처참하게 실패한다. 첫째, 그들은 '방어의 성벽'을 쌓는다. "그건 오해입니다. 제가 성적이 낮은 이유는…" 이라고 말하는 순간, 당신은 이미 패배했다. 방어는 곧 불안의 증거이며, 당신을 옹졸한 사람으로 만든다. 둘째, 그들은 '감정의 폭풍'에 휩쓸린다. 당황한 나머지 얼굴이 붉어지고, 목소리를 떨며 횡설수설한다. 이 모습은 면접관에게 '이 사람은 위기 상황에서 신뢰할 수 없는 사람'이라는 확신을 심어줄 뿐이다. 마지막으로, 가장 어리석은 자들은 '오만한 반격'을 시도한다. "그렇게 생각하실 수도 있겠네요. 하지만 면접관님께서는…" 이라고 말하는 순간, 당신은 겸손을 모르는 사람, 팀에 융화될 수 없는 위험인물로 낙인찍힌다.

💡 합격자는 압박을 '무대'로 전환한다

그렇다면 합격자는 어떻게 이 칼날 위에서 춤을 추며, 오히려 점수를 얻는가. 그는 이 충격을 자신의 강인함을 증명할 최고의 무대로 활용한다.

그의 첫 수는 충격의 파도를 정면으로 받아내는 것이다. 그는 당황하거나 방어하지 않는다. 대신, 미소를 지으며 상대가 던진 사실을 일단 인정한다. "네, 면접관님의 말씀처럼 제 성적이 다소 부족해 보일 수 있다는 점, 충분히 인지하고 있습니다." 이 한마디는 당신이 압박 속에서도 평정심을 잃지 않는 강한 멘탈의 소유자임을 증명한다. 동시에 상대의 공격 의지를 무력화시키는 가장 세련된 기술이다.

다음으로 그는 이야기의 프레임을 완전히 바꿔버린다. 그는 성적이 낮은 이유를 변명하는 대신, 그 시간을 어디에 투자했는지를 이야기한다. "저는 학점을 완벽하게 관리하는 것보다, 강의실 밖에서 실제 문제를 해결하는 경험에 더 많은 시간을 투자하는 것이 미래의 전문가에게 더 중요한 가치라고 판단했습니다." 이것은 변명이 아니다. 당신이 자신만의 뚜렷한 기준과 철학을 가진 주체적인 인간임을 선포하는 것이다.

그리고 이것이 결정타다. 그는 자신의 철학을 반박 불가능한 증거로 증명한다. "실제로 저는 그 시간에 OOO라는 스타트업과 협업하여, OOO라는 문제를 해결하고 실제 매출을 20% 상승시키는 성과를 만들어냈습니다. 저는 이 경험을 통해 책에서는 절대 배울 수 없는 살아있는 지식과 문제 해결 능력을 얻었다고 확신합니다."

이 답변을 들은 면접관은 당신에게서 무엇을 보았는가. 그는 당신의 낮은 성적을 본 것이 아니다. 그는 압박 속에서도 흔들리지 않는 안정감, 자신만의 뚜렷한 철학, 그리고 그 철학을 결과로 증명해내는 압도적인 실행력을 보았다. 압박 질문은 당신을 무너뜨리기 위한 함정이 아니다. 그것은 당신이 지루한 각본을 찢고 나와, 당신이라는 사람의 진짜 매력을 보여줄 수 있도록 면접관이 던져주는 단 한 번의 기회이자 초대장이다.

압박 질문은 당신을 떨어뜨리려는 것이 아니라, 당신의 진짜 모습을 확인하려는 것이다. 당신이 어려운 상황에서도 논리적으로 사고하고, 자신의 선택에 책임감을 가지며, 그 경험을 통해 성장할 수 있는 사람임을 보여주는 기회로 활용하라. 진정한 전문가는 자신의 모든 선택을 설명할 수 있고, 그 선택에서 가치를 찾아낼 수 있는 사람이다.

압박을 기회로 전환하는 전략 시뮬레이션

이것은 변명 훈련이 아니다. 예상되는 도전적 질문을 당신의 차별화된 가치를 드러낼 최고의 기회로 전환하는 전략적 준비다. 이 시뮬레이션을 통해, 당신을 향한 가장 날카로운 의문을 당신의 독특함을 증명할 강력한 무대로 만들어라.

STEP 1: 예상 피격 포인트 분석 (취약점 파악하기)

Q 면접관이 당신의 이력서나 자기소개서에서 가장 궁금해할 수 있는 부분들을 객관적으로 적어보자.

■ 나의 예상 피격 포인트 (1~3개)

1. _____

2. _____

3. _____

STEP 2: 충격 흡수 전략적 재구성 (기회로 전환)

위의 피격 포인트 중 가장 중요한 것 하나를 선택하여 다음 과정을 거쳐라.

2-1 차분한 인정과 수용

Q 해당 포인트에 대해 당황하지 않고 차분하게 인정하는 첫 문장을 적어보자.

예 "말씀하신 부분에 대해서는 충분히 인지하고 있습니다."

■ 나의 차분한 첫 문장: _____

2-2 맥락과 선택 제시

Q 그 상황이 단순한 부족함이 아니라, 당신이 '더 중요한 가치'를 위해 내린 의도적 선택이었음을 설명해보자.

- 당시 상황과 선택지들
- 우선순위 결정 기준
- 선택한 방향과 그 이유

- 나의 맥락과 선택: "당시 저는 _____ 보다는 _____를

  더 중요하게 생각했습니다. 왜냐하면 _____."

- 완성된 맥락: _____

  _____

STEP 3: 구체적 성과 제시 (선택의 정당성 입증)

3-1 측정 가능한 결과

Q STEP 2-2에서 설명한 선택이 실제로 어떤 구체적 성과나 경험으로 이어졌는지
증명해보자.

- 성과 유형 선택
- ☐ 프로젝트나 활동의 구체적 결과
- ☐ 습득한 전문 기술이나 경험
- ☐ 네트워크나 인사이트 확보
- ☐ 문제 해결 역량의 실질적 개발

- 구체적 성과: _____

  _____

3-2 미래 가치 연결

Q 그 경험을 통해 얻은 것이 지원 직무에 어떻게 기여할 수 있는지 적어보자.

- _____

STEP 4: 완성된 대응 전략 구축

4-1 통합된 답변 완성

Q STEP 1~3의 내용을 하나의 논리적 흐름으로 완성하여 적어보자.

예 구조: 차분한 인정 + 맥락과 선택 + 구체적 성과 + 미래 기여

- 완성된 대응 답변: _____

_____

_____

_____

_____

STEP 5: 다양한 압박 상황 시뮬레이션

5-1 추가 예상 질문들

1. "그럼 다른 방법은 없었나요?"

- 답변 준비: _____

2. "같은 상황이 또 생기면 어떻게 하시겠어요?"

- 답변 준비: _____

3. "그 선택으로 잃은 것도 있지 않나요?"

- 답변 준비: _____

5-2 감정 관리 전략

- 압박 상황에서의 마음가짐
- ☐ 공격이 아닌 확인 과정으로 이해하기

□ 변명보다는 설명과 가치 제시에 집중

□ 과거 선택에 대한 자신감 유지하기

□ 미래 기여 가능성을 강조하기

5-3 압박 상황 대응 철학

■ 효과적인 대응 전략

- 투명한 소통: 숨기기보다는 맥락 제공하기

- 가치 중심 사고: 부족함보다 얻은 것에 집중하기

- 미래 연결: 과거 경험을 미래 가치로 전환하기

- 자신감 유지: 선택에 대한 확신과 자부심 보이기

■ 피해야 할 함정들

- 과도한 변명이나 자기합리화

- 다른 사람이나 상황 탓하기

- 거짓 정보나 과장된 설명

- 지나친 자기 비하나 사과

CHAPTER 11

꼬리 질문,
함정을 파헤쳐 신뢰를 얻어라

💡 질문이 아닌 송곳이다

꼬리 질문은 당신의 답변에 대한 후속 검증 절차다. "그래서, 구체적으로 어떻게 설득하셨다는 거죠?" 이것이 바로 '꼬리 질문'이다. 이것은 당신을 무너뜨리려는 '압박 질문'과는 결이 다르다. 압박 질문이 당신의 약점이라는 벽을 부수기 위해 정면으로 휘두르는 '쇠망치'라면, 꼬리 질문은 당신의 답변이라는 땅이 얼마나 단단한지를 확인하기 위해 찔러보는 '송곳'이다. 압박 질문이 당신의 멘탈을 시험한다면, 꼬리 질문은 당신의 경험이 얼마나 '진짜'인지를 시험한다. 면접관은 지금 당신의 이야기가 잘 외운 대본인지, 아니면 피와 땀으로 얻어낸 진짜 경험인지를 확인하려는 것이다. 다시 말해 그는 당신의 답변이라는 지표면 아래 단단한 암반이 있는지, 아니면 금방이라도 무너져 내릴 진흙탕이 있는지를 확인하고 싶어 한다.

이 송곳 앞에서, 대부분의 지원자들은 자신의 발밑이 텅 비어있음을 스스로 증명하며 무너진다. 첫 번째 유형은 '지반이 붕괴되는 자'다. 첫 답변에서는 "팀원들과의 소통을 통해 문제를 해결했다"고 말했지만, 꼬리 질문이 들어오자 당황한 나머지 "제가 주도적으로 역할을 분담해서 해결했다"며 앞뒤가 맞지 않는 말을 늘어놓는다. 이 순간 당신의 모든 신뢰도는 증발한다. 두 번째 유형은 '파도 파도 진흙만 나오는 자'다. 첫 답변은 그럴듯했지만, 그 안을 채울 암반, 즉 디테일이 전혀 없다. "구체적으로 어떻게 설득했냐"는 질문에, "진심을 다해 대화로 풀었습니다"와 같은 공허한 답변만 반복한다. 면접관은 당신의 경험이 깊이가 없는, 얕은 진흙탕 수준이었음을 간파한다. 당신의 모든 답변은 이제부터 '그럴듯하게 포장된 거짓말'로 의심받게 된다.

💡 합격자는 비하인드 스토리를 말한다

그렇다면 합격자는 어떻게 이 집요한 송곳을, 오히려 자신의 깊이를 증명하는 최고의 도구로 만드는가. 그는 꼬리 질문을 두려워하지 않고 오히려 기다린다. 그는 자신의 첫 답변이 영화의 '극장판 예고편'이었음을 안다. 꼬리 질문은 면접관이 그 예고편에 매료되어, 더 많은 것을 보여달라고 요청하는 **'감독판 비하인드 스토리'** 공개 요청이나 다름없다.

아마추어가 "진심으로 설득했습니다"라고 말할 때, 합격자는 이렇게 비하인드 스토리를 공개한다. "좋은 질문이십니다. 사실 처음에는 저 역시 논리만으로 설득하려다 실패했습니다. 그때 깨달은 것은, 사람을 움직이는 것은 완벽한 논리가 아니라 '공동의 이익'이라는 점이었습니다. 그래서 저는 각 팀원들이 이 프로젝트의 성공을 통해 개인적으로 얻게 될 이익(포트폴리오, 인센티브 등)을 일대일로 만나 설명하는 데 집중했습니다. 저의 주장이 아닌 '우리 모두의 성공'이라는 프레임을 제시했을 때, 비로소 팀원들의 눈빛이 바뀌기 시작했습니다."

이 답변을 들은 면접관은 당신에게서 무엇을 보았는가. 그는 단순히 말을 잘하는 사람이 아니라, 한 번의 실패를 통해 인간과 조직의 본질을 꿰뚫는 통찰력을 얻은 사람, 그리고 그 통찰을 실제 성공으로 연결할 줄 아는 전략가를 보았다.

꼬리 질문은 당신을 궁지에 몰아넣는 함정이 아니다. 그것은 당신의 첫 답변이 지표면에 불과했음을, 그 아래에 당신의 진짜 깊이와 내공이라는 단단한 암반이 숨겨져 있음을 증명할 유일한 기회다. 이 질문이 들어왔을 때, 당신은 당황할 것인가, 아니면 미소 지으며 당신의 진짜 이야기를 시작할 것인가.

꼬리 질문은 당신을 시험하는 것이 아니라, 당신을 더 잘 알고 싶어하는 신호다. 면접관이 추가 질문을 던진다는 것은 당신에 대한 관심과 호기심의 표현이며, 더 깊이 있는 대화로 발전할 수 있는 기회다. 진정한 전문가는 자신의 경험을 여러 층위에서 설명할 수 있고, 그 과정에서 얻은 통찰을 다양한 상황에 적용할 수 있는 사람이다. 꼬리 질문은 바로 그런 당신의 전문가적 깊이를 보여줄 수 있는 소중한 무대다. 준비된 자에게 꼬리 질문은 위기가 아닌 기회다.

꼬리 질문, 당신의 깊이를 증명하는 워크지

꼬리 질문은 함정이 아니다. 당신의 진짜 실력을 보여달라는 면접관의 초대장이다. 이 워크지를 통해, 당신의 답변 속에 의도적인 '호기심 지점'을 설계하고, 그곳으로 면접관을 끌어들여 당신의 진가를 증명하라.

STEP 1: 당신의 '시그니처 스토리' 완성하기

Q 면접에서 가장 자신 있게 말할 수 있는, 당신의 핵심 성과나 경험을 30초 분량으로 요약해서 적어보자.

✓**TIP!** 이것은 면접관의 호기심을 자극할 당신의 대표 이야기다.

> **스토리 완성 가이드**

- 상황과 도전 과제
- 당신의 접근법
- 구체적인 결과
- 의도적으로 '더 알고 싶게' 만드는 키워드 포함

- 나의 시그니처 스토리: _____

_____

_____

_____

STEP 2: 면접관의 '탐구 포인트' 예측하고 설계하라

STEP 1의 스토리를 들은 면접관이 당신의 진짜 실력을 확인하기 위해 어떤 구체적인 질문을 던질까? 당신의 답변에서 가장 흥미로운 부분을 찾아 예상 질문을 설계해보자.

2-1 과정에 대한 질문

Q "어떻게 했는지" 구체적 방법을 묻는 질문

- 예상 질문: _____

2-2 어려움에 대한 질문

Q "어떤 장애물이 있었고 어떻게 극복했는지" 묻는 질문

- 예상 질문: _____

2-3 의사결정에 대한 질문

Q "왜 그런 선택을 했는지" 판단 근거를 묻는 질문

- 예상 질문: _____

2-4 학습에 대한 질문

Q "그 경험에서 무엇을 배웠는지" 통찰을 묻는 질문

- 예상 질문: _____

STEP 3: '전문가급 심층 답변' 준비하기

STEP 2에서 설계한 각 질문에 대해, 당신의 깊이 있는 사고와 전문적 역량을 보여줄 답변을 완성하라. 단순한 사실 나열을 넘어 당신만의 통찰과 배움이 드러나야 한다.

3-1 과정 질문에 대한 답변

Q 구체적 방법론, 도구, 단계별 접근을 포함하여 상세하게 적어보자.

예 구조: 초기 계획 → 시행착오 → 개선된 접근법 → 최종 방법론

- 완성된 답변: _____

3-2 어려움 질문에 대한 답변

Q 도전 과제의 본질, 극복 과정, 그 과정에서의 성찰을 포함하여 상세하게 적어보자.

예 구조: 어려움의 본질 → 시도한 해결책들 → 전환점 → 극복 방법

■ 완성된 답변:

3-3 의사결정 질문에 대한 답변

Q 선택의 배경, 고려 요소들, 판단 기준, 결과에 대한 책임감을 포함하여 상세하게 적어보자.

예 구조: 선택지 분석 → 우선순위 기준 → 최종 결정 → 결과 검증

■ 완성된 답변:

3-4 학습 질문에 대한 답변

Q 핵심 통찰, 적용 가능한 원칙, 미래 활용 계획을 포함하여 상세하게 적어보자.

예 구조: 핵심 깨달음 → 일반화된 원칙 → 다른 상황 적용 → 지속적 발전

■ 완성된 답변:

STEP 4: 꼬리의 꼬리 질문까지 대비하기

4-1 2차 파생 질문 예상

Q 당신의 심층 답변을 들은 면접관이 추가로 물어볼 수 있는 질문들을 적어보자.

1. "그 방법을 다른 상황에서도 적용할 수 있나요?"

■ 답변 준비: _____

2. "만약 다시 한다면 다르게 할 부분이 있나요?"

■ 답변 준비: _____

3. "그 과정에서 가장 어려웠던 의사결정은 무엇이었나요?"

■ 답변 준비: _____

4-2 예상치 못한 질문 대응 전략

■ 준비하지 못한 질문이 나왔을 때의 대응 방법

☐ "잠시 정리하고 말씀드리겠습니다" (시간 벌기)

☐ "경험을 바탕으로 말씀드리면..." (구체적 사례로 연결)

☐ "그 부분에 대해서는 이런 관점에서 접근했습니다" (논리적 설명)

CHAPTER 12

돌발 질문,
3초 만에 구조 잡기

💡 생각하는 방식으로 증명하라

돌발 질문은 당신이 준비한 답변으로는 해결할 수 없는 문제다. "당신을 색깔로 표현한다면, 어떤 색입니까?" 세상이 하얗게 변하고, 머릿속의 모든 것이 정지한다. 이것이 바로 '돌발 질문'이다. 이 질문의 진짜 의도를 '문제 해결 능력'이나 '순발력' 테스트라고 생각한다면, 당신은 아직 하수다. 그것은 겉모습일 뿐이다. 면접관의 숨은 진짜 심리는, 당신이 논리의 세계를 벗어나 '추상'

과 '창의'의 영역에서 어떻게 길을 찾아내고, 그 길의 끝을 결국 '회사의 이익'이라는 현실 세계로 연결시키는지를 보고 싶어 하는 지적 호기심이다. 그는 당신의 '준비된 지식'이 아니라, 당신의 **'생각하는 시스템'** 그 자체를 보고 싶어 한다.

이 즉흥의 무대 위에서, 대부분의 지원자들은 세 가지 방식으로 자신의 한계를 드러낸다. 첫째, 그들은 무대에서 도망친다. "잘 모르겠습니다." 이 한마디는 당신이 미지의 문제 앞에서 생각하기를 포기하는 사람임을 증명한다. 둘째, 그들은 무대 위에서 얼어붙는다. 길고 어색한 침묵은 당신이 압박감 속에서 이성을 유지하지 못하는 사람임을 보여준다. 마지막으로, 그들은 무대 위에서 허우적거린다. 두서없는 말들을 장황하게 늘어놓으며, 자신의 논리 회로가 완전히 망가졌음을 실시간으로 중계한다.

💡 3초 만에 창의력에 질서를 부여하는 법

그렇다면 합격자는 어떻게 이 혼돈의 순간을, 오히려 자신의 창의적 지성을 증명하는 최고의 기회로 만드는가. 그는 정답을 찾으려 하지 않고, 대신 어떤 창의적인 질문에도 적용할 수 있는 자신만의 '사고의 틀'을 즉시 가동시킨다. 이것이 바로 'A-D-C 연결 공식'이다.

A = Accept (수용): 질문의 판타지를 즉시 받아들여라. 돌발 질문을 받았을 때, 당황하며 시간을 끄는 대신 그 질문이 만든 비현실적인 세계관을 즉시 받아들이고 그 안으로 뛰어든다. 이것은 당신의 유연성과 자신감을 보여주는 첫인상이다.

D = Define (정의): 당신의 선택에 의미를 부여하라. 당신이 선택한 답(색깔, 동물 등)이 가진 핵심적인 속성이나 상징적 의미를 1~2가지로 명확하게 정의한다. 이것은 당신의 창의력이 단순한 즉흥성이 아니라, 논리적 기반을 가지고 있음을 증명하는 단계다.

C = Connect (연결): 그 의미를 회사의 이익과 연결하라. 마지막으로, 당신이 정의한 그 속성이 이 직무와 회사에 어떻게 '기여'할 수 있는지를 구체적으로 연결한다. 이것이 당신의 창의력이 단순한 '재미'가 아니라, '가치'를 만들어낼 수 있음을 증명하는 결정타다.

💡 실전 적용: "당신을 색깔로 표현한다면?"

(A: 수용): "저는 '파란색'이라고 생각합니다." (망설임 없이 즉시 답한다.)

(D: 정의): "저에게 파란색은 겉으로는 차분하고 안정적으로 보이지만, 그 안에는 깊은 바다와 같은 무한한 가능성을 품고 있는 색입니다." (자신만의 의미를 부여한다.)

(C: 연결): "이것은 제가 일하는 방식과도 연결됩니다. 저는 겉으로는 침착하게 데이터를 분석하고 안정적으로 업무를 처리하지만, 그 데이터의 이면을 깊이 파고들어 남들이 보지 못하는 새로운 인사이트를 찾아내는 데 강점이 있습니다. 귀사의 OOO 직무에서 저의 이러한 '파란색'과 같은 강점은, 안정적인 성과와 혁신적인 아이디어를 동시에 만들어내는 데 기여할 것이라고 확신합니다."

이것은 더 이상 돌발 질문에 대한 임기응변이 아니다. 이것은 당신의 창의력(A)을, 논리(D)로 증명하고, 회사의 가치(C)로 약속하는 완벽한 사고의 흐름이다. **돌발 질문은 당신을 시험에 들게 하는 장애물이 아니다.** 그것은 당신이 준비된 대본 없이도, 얼마나 창의적이고 논리적인 사고 시스템을 가진 사람인지를 증명할 유일무이한 기회다.

즉흥 질문은 정답을 요구하는 것이 아니라, 당신의 사고 과정을 보고 싶어 하는 것이다. 면접관이 관심 있어 하는 것은 완벽한 답이 아니라 예상치 못한 상황에서도 논리적으로 사고하고, 자신만의 관점을 체계적으로 전개할 수 있는 능력이다. 진정한 창의성은 무질서한 자유가 아니라, 논리적 구조 위에서 발휘되는 독창성이다. A-D-C 프레임워크는 당신의 창의적 사고에 날개를 달아주는 체계적 틀이다. 정답 없는 질문에 더 이상 당황하지 마라. 오히려 당신의 '생각하는 방식' 자체가 정답임을 증명할 순간이다.

혼돈을 질서로 바꾸는 즉흥 답변 워크지

예상치 못한 질문이야말로 당신의 진짜 사고력과 창의성을 증명할 기회다. 이 설계도를 통해 어떤 돌발 상황에도 흔들리지 않는 당신만의 '논리적 사고 엔진'을 장착하라.

STEP 1: 창의적 상황 시뮬레이션 (가상의 도전 질문 설계)

Q 면접관이 당신의 순발력과 창의적 사고를 테스트하기 위해 던질 만한 예상 밖의 질문들을 직접 만들어보자.

✔ TIP! 이는 당신의 상상력과 대응력을 예열하는 훈련이다.

질문 유형별 예시

- 추상적 개념: "당신을 색깔로 표현한다면?"
- 상황 판단: "화성에서 사업을 한다면 무엇을 하겠습니까?"
- 창의적 해결: "엘리베이터가 고장났을 때 고객 불만을 해결하는 방법은?"

- 내가 설계한 도전 질문 3가지:

1. ....

2. ....

3. ....

STEP 2: A-D-C 사고 프레임워크 적용

Q STEP 1에서 만든 질문 중 가장 까다로운 것을 선택하여, 체계적 사고 과정을 통해 논리적 답변을 적어보자.

- 선택한 도전 질문: ....

A (Accept – 신속한 선택): 질문을 듣고 3초 내에 내릴 수 있는 직관적 선택이나 답변

- 너무 오래 고민하지 말고 첫 번째 떠오르는 합리적 선택
- 완벽하지 않아도 설명 가능한 선택
- 자신 있게 발전시킬 수 있는 선택

- **나의 직관적 선택:** --

D (Define – 개인적 의미 부여): 선택한 것에 당신만의 경험, 가치관, 철학을 담아 독특한 의미를 부여하라.

- 개인적 경험이나 가치관과 연결
- 다른 사람과 차별화되는 관점
- 구체적이고 생생한 설명

- **나만의 의미 해석:** --

C (Connect – 직무 연관성 구축): 부여한 의미가 지원 직무와 회사에 어떻게 기여할 수 있는지 구체적으로 연결하라.

- 직무에 필요한 핵심 역량과 연결
- 회사 문화나 가치와의 적합성
- 구체적인 기여 방안 제시

- **직무와의 연결점:** --

STEP 3: 완성된 즉흥 답변 구조화

3-1 통합 답변 완성

Q A-D-C 프레임워크를 자연스러운 하나의 답변으로 통합해서 적어보자.

예 구조: 신속한 선택 제시 → 개인적 의미 설명 → 직무 기여 연결

■ 완성된 즉흥 답변: --

3-2 답변 검증

■ 완성된 답변이 다음 요소를 포함하는지 체크해보자.

☐ 논리성: 선택에서 결론까지 논리적 연결이 자연스러운가?

☐ 창의성: 다른 사람과 차별화되는 독특한 관점이 있는가?

☐ 진정성: 개인적 경험이나 가치관이 진실하게 반영되는가?

☐ 관련성: 지원 직무와의 연결이 설득력 있는가?

☐ 완성도: 시작-중간-끝이 명확한 구조를 가지는가?

STEP 4: 다양한 즉흥 상황 대응 훈련

4-1 추가 질문 유형별 대응 전략

■ 철학적/추상적 질문

예 "성공이란 무엇입니까?"

- 전략: 개인적 정의 → 구체적 사례 → 직무 적용

■ 상황 가정 질문

예 "CEO가 된다면 첫 번째로 할 일은?"

- 전략: 우선순위 설정 → 이유 설명 → 실행 계획

■ 창의적 문제해결 질문

예 "종이클립의 새로운 용도 10가지는?"

- 전략: 빠른 브레인스토밍 → 카테고리 분류 → 실용성 평가

STEP 5: 즉흥 대응력 강화 훈련

5-1 마인드셋 관리

■ 긍정적 접근

- "틀린 답은 없다, 다만 설득력의 차이가 있을 뿐"

- "예상 밖 질문은 나를 돋보이게 할 기회"

- "완벽보다는 진정성과 논리성이 중요"

CHAPTER 13

마지막 질문,
당신의 가치를 증명하라

💡 면접관 뇌리에 새기는 마지막 한 수

면접관이 당신에게 질문 기회를 준다면, 그것은 당신에게 찾아온 마지막 한 수다. "마지막으로, 저희에게 궁금한 점 있으신가요?" 이 질문이 던져지는 순간, 대부분의 지원자는 긴장이 풀렸다고 착각하고, 준비해온 평범한 질문을 던지거나, 최악의 경우 "없습니다"라고 말하며 스스로 판을 걷어찬다. 이것은 면접의 끝이 아니라, 당신이 '평가받는 자'에서 '평가하는 자'로, '지원자'에서

'동료'로 프레임을 전환할 수 있는 단 한 번의 기회이자, 당신의 격을 증명하는 마지막 한 수다.

면접관의 심리를 이해해야 한다. 그는 당신에게 정보를 주기 위해 이 질문을 던지는 것이 아니다. 그의 머릿속은 두 가지 생각으로 가득 차 있다. 첫째, **'이 사람은 정말 우리에게 관심이 있는가?'** 이다. "연봉은 어느 정도인가요?" 혹은 "복지는 어떤가요?"와 같은 질문은 당신이 이 회사라는 '공동체'가 아닌, 개인의 '이익'에만 관심 있다는 강력한 증거다. 둘째, **'이 사람은 우리와 같은 수준에서 생각하는가?'** 이다. 검색하면 1분 안에 알 수 있는 질문은 당신이 이 게임에 참여할 최소한의 성의도 보이지 않았음을 자백하는 꼴이 된다. 그는 이 마지막 질문을 통해, 당신이 우리와 함께 미래를 고민할 '파트너'인지, 아니면 그저 월급을 받아갈 '직원'인지를 최종적으로 판가름한다.

💡 아마추어는 '정보', 합격자는 '통찰'을 증명한다

이 마지막 한 수 앞에서, 평범한 지원자들은 자신의 밑천을 드러내며 무너진다. 그들은 나의 이익에 대한 질문을 하거나, 이미 공개된 정보에 대한 질문을 하거나, 아무 생각 없는 질문을 던진다. 이 모든 질문의 공통점은, 질문의 화살이 '나'를 향해 있거나, 혹은 허공을 향해 있다는 점이다.

그렇다면 합격자는 어떻게 이 마지막 한 수를, 면접관의 뇌리에 자신의 이름을 새기는 결정타로 만드는가. 합격자의 질문은 정보를 얻기 위함이 아니다. 그의 질문은 자신이 이미 이 회사의 일원처럼 고민하고 있다는 사실을 증명하기 위한, 질문의 탈을 쓴 '제안'이다.

합격자는 절대로 건방지게 회사를 평가하지 않는다. 겸손한 태도로, 그러나 날카로운 통찰력을 담아 질문한다. "면접관님께서 생각하시기에 제가 만약 팀에 합류하게 된다면, 1년 뒤에 '이 사람은 정말 우리 팀에 잘 적응하고, 성공적으로 기여하고 있구나'라고 판단하실 수 있는 가장 중요한 성공의 기준은 무엇이라고 생각하십니까?"

이 질문을 들은 면접관의 머릿속에는 어떤 그림이 그려지는가. 그는 더 이상 당신을 평가하지 않는다. 그는 이미 당신이 팀에 합류하여, 팀의 성공 기준에 자신을 맞추고, 그 목표를 달성하기 위해 고민하는 프로페셔널의 모습을 상상하기 시작한다. 당신은 질문을 통해 당신의 로열티, 주도성, 그리고 결과 중심적인 사고방식까지 모든 것을 증명해냈다.

💡 마지막 질문으로 '결과'를 만들어라

마지막 질문은 당신의 궁금증을 해소하는 시간이 아니다. 그것은 당신이 얼마나 이 게임에 진심이었는지, 그리고 당신이 얼마나 준비된 인재인지를 보여주는 마지막 증명의 시간이다. 당신의 질문이 끝났을 때, 면접관의 머릿속에 남아야 하는 것은 당신의 호기심이 아니라, '이 사람과 함께 일하고 싶다'는 강력한 확신이어야 한다. 이 마지막 한 수로, 당신은 면접의 '결과'를 기다리는 사람이 아니라, 면접의 '결과'를 만드는 사람이 된다.

마지막 질문은 당신이 얼마나 이 기회를 진지하게 생각하고 있는지를 보여주는 마지막 기회다. 잘 준비된 질문은 당신이 단순히 '일자리를 구하는 사람'이 아니라 '함께 문제를 해결하고 성장하려는 파트너'임을 증명한다. 진정한 전문가는 답변뿐만 아니라 질문에서도 그 깊이가 드러난다. 당신의 질문이 면접관으로 하여금 '이 사람과 더 깊이 있는 대화를 나누고 싶다'고 생각하게 만들 때, 그 순간 당신은 단순한 지원자에서 동료 후보로 격상되는 것이다.

면접관 뇌리에 남는 마지막 질문 워크지

이것은 당신의 단순한 궁금증을 해소하는 시간이 아니다. 당신의 전문성을 증명하고, 면접관의 머릿속에 '이 사람과 함께 일하고 싶다'는 확신을 심는 결정적 기회다.

STEP 1: 전략적 정보 분석 (사전 조사 기반 통찰 구축)

최고의 질문은 철저한 사전 분석에서 나온다. 공개된 정보를 바탕으로 회사의 진짜 니즈를 예측하고, 당신의 질문을 날카롭게 만들어라.

1-1 회사의 공식 목표 파악

Q 회사 홈페이지, CEO 메시지, 최근 뉴스, IR 자료 등에서 발견한 이 회사의 가장 중요한 공식적 목표나 비전을 적어보자.

- 파악된 회사의 핵심 목표: _____

_____

1-2 팀의 예상 미션 추론

Q 채용공고와 직무 설명을 바탕으로, 당신이 합류할 팀이 회사 목표 달성을 위해 담당하고 있을 구체적 역할이나 과제를 추론하여 적어보자.

- 추론된 팀의 핵심 미션: _____

_____

1-3 나의 기여 가치 연결

Q 당신의 핵심 강점과 경험이 위에서 파악한 팀 미션에 어떻게 직접적으로 기여할 수 있는지 구체화하여 적어보자.

예 연결 공식 : 나의 [핵심 강점] → 팀의 [예상 과제] 해결에 기여

■ 구체적 기여 방안: ┄┄┄┄┄┄┄┄┄┄┄┄┄┄┄┄┄┄┄┄┄┄┄┄┄┄┄

STEP 2: 면접관 관점 시뮬레이션 (채용 성공 정의하기)

이제 관점을 전환하여 면접관의 입장에서 생각하라. 이번 채용이 성공하려면 어떤 인재를 찾아야 하는지 역으로 설계해보는 것이다.

2-1 이상적 후보자 프로필 구상

Q 팀의 미션 수행을 위해 꼭 필요한 '완벽한 한 사람'이 있다면, 그 사람은 어떤 역량과 마인드를 가진 사람일지 적어보자.

■ 이상적 후보자의 특징:

- 필수 전문 역량: ┄┄┄┄┄┄┄┄┄┄┄┄┄┄┄┄┄┄┄┄┄┄┄┄┄┄

- 핵심 소프트 스킬: ┄┄┄┄┄┄┄┄┄┄┄┄┄┄┄┄┄┄┄┄┄┄┄┄┄

- 바람직한 업무 태도: ┄┄┄┄┄┄┄┄┄┄┄┄┄┄┄┄┄┄┄┄┄┄┄┄

- 팀 기여 방식: ┄┄┄┄┄┄┄┄┄┄┄┄┄┄┄┄┄┄┄┄┄┄┄┄┄┄┄

2-2 채용 성공의 미래 시나리오

Q 그 이상적인 인재가 입사 후 6개월~1년 뒤, 팀과 회사에 만들어낼 가장 긍정적인 변화는 무엇일지 적어보자.

■ 성공 시나리오: ┄┄┄┄┄┄┄┄┄┄┄┄┄┄┄┄┄┄┄┄┄┄┄┄┄┄┄

┄┄┄┄┄┄┄┄┄┄┄┄┄┄┄┄┄┄┄┄┄┄┄┄┄┄┄┄┄┄┄┄┄┄┄┄

┄┄┄┄┄┄┄┄┄┄┄┄┄┄┄┄┄┄┄┄┄┄┄┄┄┄┄┄┄┄┄┄┄┄┄┄

STEP 3: 전략적 마지막 질문 설계 (3가지 차별화 템플릿)

Q STEP 1-2의 통찰을 바탕으로, 다음 세 가지 유형 중 당신의 포지셔닝에 가장 적합한 질문을 완성해보자.

1. 성과 기대치 확인형 (결과 지향적 인재): 당신이 성과 중심의 실행력 있는 인재임을 어필하고 싶을 때

(예) "만약 제가 팀에 합류하게 된다면, 6개월 또는 1년 후에 '이 사람이 우리 팀에 의미 있는 기여를 하고 있구나'라고 판단하실 수 있는 가장 중요한 성과 지표는 무엇이라고 생각하십니까?

■ 나의 맞춤형 질문: _____

_____

2. 핵심 과제 파악형 (문제 해결사 인재): 당신이 능동적이고 전략적 사고를 하는 인재임을 보여주고 싶을 때

(예) 제가 조사한 바로는 현재 이 팀의 핵심 과제가 [구체적 과제]인 것 같은데, 새롭게 합류할 팀원이 이 과제 해결을 위해 가장 우선적으로 집중해야 할 영역은 어디라고 보시는지 궁금합니다."

■ 나의 맞춤형 질문: _____

_____

3. 비전 동참형 (파트너십 인재): 당신이 회사와 함께 성장하려는 장기적 사고를 가진 인재임을 나타내고 싶을 때

(예) "면접관님께서 이 팀을 통해 실현하고 싶으신 가장 이상적인 미래 모습은 어떤 것인지, 그리고 제가 가진 [구체적 강점]이 그 비전 달성에 어떤 방식으로 기여할 수 있을지에 대해 조언을 구하고 싶습니다."

■ 나의 맞춤형 질문: _____

_____

215

STEP 4: 질문의 완성도 검증

4-1 백업 질문 준비

Q 메인 질문 외에 상황에 따라 활용할 수 있는 보조 질문들을 살펴보자.

- **일반적 상황용**: "이 직무에서 성공하기 위해 가장 중요한 자질은 무엇이라고 생각하시나요?"
- **팀 문화 관련**: "현재 팀의 협업 방식이나 커뮤니케이션 스타일에서 가장 중시하는 가치는 무엇인가요?"
- **성장 기회 관련**: "이 역할을 통해 개인적으로 성장할 수 있는 가장 큰 기회는 어떤 것들이 있을까요?"

▶STEP 5: 실전 준비 및 마무리 전략

5-1 질문 타이밍과 전달 방식

> **효과적인 역질문을 위한 실전 가이드**

- **타이밍**: – 면접관이 "궁금한 것 있으시면 질문하세요"라고 할 때
  - 면접의 마지막 단계에서 자연스럽게
  - 대화 중 적절한 맥락이 생겼을 때

- **전달 방식**: – 진지하고 적극적인 자세로
  - 메모한 내용을 자연스럽게 참고하며
  - 상대방의 답변에 적극적으로 경청하는 모습으로

5-2 답변 활용 전략

- 면접관의 답변을 들은 후 어떻게 반응할지 체크해보자.

☐ 고개를 끄덕이며 적극적 경청 표현

☐ "그 부분이 정말 중요한 포인트인 것 같습니다" 같은 공감 표현

☐ 마지막에 "말씀해 주신 내용을 바탕으로 더욱 준비해서 기여하고 싶습니다" 같은 의지 표현

CHAPTER 14

마지막 한마디,
퇴장 후에도 합격 도장을 찍어라

💡 면접의 마침표, 합격 인장을 찍는 순간

　면접이 끝났다고 생각하는 순간, 당신은 이 게임의 마지막이자 가장 중요한 보너스 기회를 잡아야 한다. 면접관의 입에서 "수고하셨습니다. 오늘 면접은 여기까지입니다"라는 말이 나오는 순간, 당신은 긴장이 풀릴 것이 아니라 오히려 '마지막 승부의 순간'임을 직감해야 한다. 이것은 면접의 끝이 아니다. 이것은 당신이라는 서류 위에 면접관의 기억이라는 잉크로 '합격'이라는 인장

217

을 찍을 것인지, 아니면 '보류'라는 희미한 연필 자국만 남길 것인지를 결정하는 최후의 순간이다.

면접관의 뇌는 이미 포화 상태다. 그는 당신의 화려한 성과와 논리적인 답변들을 기억하지 못한다. 그의 머릿속에 남는 것은 당신에 대한 희미한 '느낌'과 '인상'뿐이다. 인간의 뇌는 마지막에 입력된 정보를 가장 강렬하게 기억하는 '최신 효과(Recency Effect)'의 지배를 받는다. 당신의 마지막 행동은, 지난 면접의 모든 과정을 단 하나의 강렬한 이미지로 압축하여 그의 뇌리에 영원히 새겨 넣는 행위다.

이 마지막 순간, 대부분의 지원자들은 스스로를 지워버리는 비극을 연출한다. 면접관이 친절하게 "마지막으로 하고 싶은 말 있으세요?"라고 물어도, 그들은 "없습니다."라고 답하며 자신의 관심 없음을 증명하거나, "뽑아주십시오."라고 구걸하며 자신의 가치를 바닥으로 떨어뜨린다. 그러나 진짜 비극은 면접관이 이 질문조차 하지 않았을 때 발생한다. 아무런 기회 없이 면접이 끝났다고 선언되는 순간, 평범한 지원자는 "감사합니다."라는 말과 함께 조용히 퇴장한다. 그는 주어진 판 위에서만 움직일 줄 아는 수동적인 존재임을 스스로 증명한 것이다.

💡 합격자는 기회를 만들고 라벨을 각인시킨다

그렇다면 합격자는 어떻게 이 마지막 순간을, 자신의 이름을 확실히 새기는 결정타로 만드는가. 만약 기회가 주어진다면 (질문을 받는다면) 합격자는 구걸하지 않는다. 그는 면접 전체를 관통했던 자신의 핵심 '라벨'을 다시 한 번 소환하여, 면접관의 뇌리에 자신의 정체성을 확정적으로 각인시킨다. 그는 이렇게 말한다. "저의 '시스템 설계'라는 강점을 활용하여 OO의 성공에 기여하는 인재가 되겠습니다. 감사합니다." 이것은 기회를 달라는 수동적인 구걸이 아니라, 내가 입사하면 이런 구체적인 행동으로 당신들의 성공에 기여할 것이라고 미래의 행동을 미리 선언하는, 가장 능동적이고 자신감 넘치는 예고편이다.

만약 기회가 주어지지 않는다면 (질문이 없다면) 합격자는 침묵 속에서 퇴장하지 않는다. 그는 스스로 마지막 10초의 기회를 창조한다. 그는 면접관이 서류를 정리하는 그 짧은 순간, 자리에서 일어나기 직전에 손을 들고 정중하게 묻는다. "면접관님, 혹시 실례가 되지 않는다면, 마지막으로 꼭 드리고 싶은 말이 있습니다. 잠시만 시간을 내어주실 수 있겠습니까?" 이 정중하고 자신감 있는 요청을 거절할 면접관은 없다. 그리고 그는 이렇게 자신의 마지막 인장을 찍는다. "저의 '시스템 설계'라는 강점으로, 귀사의 성공을 위한 가장 명확하고 효율적인 시스템을 구축하겠습니다. 감사합니다." 이것은 아첨이나 막연한 포부가 아닌, 내가 입사하면 이런 구체적인 행동으로 당신들의 성공에 기여할 것이라고 미래의 행동을 미리 선언하는, 가장 능동적이고 자신감 넘치는 예고편이다.

마지막 한마디는 당신의 능력을 증명하는 시간이 아니다. 그것은 당신이라는 존재가 이 회사에 얼마나 깊이 공명하고 있는지를, 당신과의 미래가 얼마나 기대되는지를 느끼게 하는 시간이다. 당신이 떠난 후에도, 면접관의 머릿속에는 당신이 남긴 이 강력한 '울림'이 계속해서 맴돌게 될 것이다. 그리고 그 울림이 바로, 합격 통지서에 찍히는 마지막 인장이 된다.

면접의 마지막 순간은 당신의 전체적인 인상을 완성하는 중요한 시점이다. 이는 단순히 좋은 인상을 남기는 것을 넘어서, 면접관이 채용 결정을 내릴 때 당신을 떠올릴 수 있도록 하는 기억의 앵커 역할을 한다. 진정한 전문가는 자신의 가치를 과장하지 않으면서도 명확하게 전달할 수 있다. 당신의 마무리 발언이 면접관으로 하여금 '이 사람과 함께 일해보고 싶다'는 생각을 갖게 만들 때, 그 순간 당신은 성공적인 면접을 완성한 것이다.

당신의 전문적 인상을 완성하는 마지막 설계 워크지

이것은 단순한 마무리 발언이 아니다. 당신의 핵심 가치와 전문성을 면접관의 기억에 선명하게 남기는 결정적 순간이다.

STEP 1: 핵심 정체성과 가치 매칭 (전문적 브랜드 확립)

효과적인 마무리는 면접 전반에 걸쳐 일관되게 보여준 당신의 전문적 정체성을 재확인시키는 것이다. 당신이 남기고 싶은 핵심 인상을 명확히 설계하라.

1-1 나의 전문적 정체성 정의

Q 이 면접이 끝났을 때 면접관이 당신을 어떤 전문가로 기억했으면 하는가? 당신의 가장 강력한 전문적 정체성을 명확히 정의해보자.

> **정체성 유형 예시**

- 전략적 사고형 : "체계적 분석을 통한 해결책 제시자"
- 실행 중심형 : "아이디어를 현실로 구현하는 실행 전문가"
- 성장 촉진형 : "팀과 조직의 잠재력을 끌어내는 성장 파트너"
- 혁신 주도형 : "기존 방식을 개선하여 새로운 가치를 창출하는 혁신가"

- 나의 핵심 전문적 정체성: --

1-2 회사가 추구하는 인재상 파악

Q 채용공고, 기업 문화, 사업 현황 등을 종합하여 이 회사가 현재 가장 필요로 하는 인재의 특성은 무엇인지 적어보자.

- 파악한 회사의 니즈: --

1-3 최적 포지셔닝 확정

Q 위 두 요소의 교집합을 고려하여 이번 면접에서 강조할 당신의 최종 전문적 포지셔닝을 확정하여 적어보자.

- 최종 전문적 포지셔닝: _____

STEP 2: 핵심 메시지 개발 (가치 제안의 압축)

확정된 포지셔닝을 바탕으로 회사의 성공에 기여할 수 있는 구체적 가치를 담은 핵심 메시지를 개발하라.

2-1 기여 가치 명확화

Q 당신의 전문성이 이 회사와 팀에 가져다 줄 구체적인 가치는 무엇인지 적어보자.

(예) 가치 제안 구조: 나의 [전문성] → 회사의 [특정 목표/과제] 달성에 기여

- 구체적 기여 가치: _____

_____

2-2 핵심 메시지 압축

Q 위의 가치를 한 문장으로 압축한 강력한 핵심 메시지를 적어보자.

(예) 핵심 메시지: "저의 [핵심 강점]을 통해 귀사의 [구체적 목표]에 [예상 기여도]로 기여하겠습니다."

- 완성된 핵심 메시지: _____

memo

PART 5

한 달 안에 합격 체질로

단기간 로드맵을 활용하라

CHAPTER 1

기업·직무 분석 5분 완성법, 합격자가 보는 4가지

당신은 기업 분석을 할 때 막막한 마음에 회사의 30년 역사를 외우고, 직무 분석을 할 땐 현직자 인터뷰 영상을 5시간 동안 돌려본다. 그러나 그것은 분석이 아니라, 불안감을 잠재우기 위한 시간 낭비일 뿐이다. 면접관은 당신에게 회사 역사 퀴즈를 낼 생각이 없다. 그가 진짜 궁금한 것은 '그래서 당신이 입사해서 우리에게 뭘 해줄 수 있는데?'라는 단 하나의 질문이다. 이 질문에 답하는 여정은 단 4개의 핵심 지점을 통과하는 것과 같다. 합격자는 이 4개의 지점을 5분 안에 주파하여 자신만의 필승 스토리를 완성한다.

가장 먼저 파악해야 할 것은 회사의 '피', 즉 돈의 흐름이다. 회사는 자선단체가 아닌 돈을 버는 시스템이며, 당신의 역할은 결국 그 시스템의 효율을 높이는 것이다. 대부분의 탈락자는 "이 회사는 국내 1위 통신사입니다."처럼 누구나 아는 사실을 읊조리는 데 그친다. 그러나 진짜 합격자는 그 이면의 비즈니스 모델을 파고들어, "이 회사는 개인/기업 고객에게 통신 서비스를 팔고, 그 과정에서 확보한 방대한 데이터를 기반으로 광고/금융 등 신사업으로 확장하여 돈을 법니다."와 같이 돈의 흐름과 핵심 동력을 한 문장으로 꿰뚫는다.

🔆 흐르는 피에서 상처를 찾아낸다

돈을 버는 방식을 이해했다면, 그 다음은 돈을 버는 과정에서 회사가 느끼는 '고통(Pain Point)'을 정확히 짚어내야 한다. 모든 조직은 성장의 그늘 아래 고민을 안고 살아간다. 이것이 바로 당신의 역량이 필요한 지점, 즉 보물지도의 'X' 표시다. 이 지점에서 탈락자는 "글로벌 경쟁이 심화되어 혁신이 필요합니다" 같은 공허한 구호를 외친다. 합격자는 다르다. 그는 "최근 기사를 보니, 주력 사업인 OOO 분야의 성장세가 둔화되고, 신사업인 OOO에서 유의미한 성과를 내는 것이 가장 큰 과제인 것으로 파악했습니다."라고 말하며, 자신이 해결해야 할 문제가 무엇인지 이미 알고 있음을 증명한다.

바로 그 고통을 해결하기 위해 존재하는 것이 당신이 지원하는 '자리(Role)'다. 회사는 심심해서 사람을 뽑지 않는다. 해결되지 않는 문제, 넘어야 할 허들이 있기에 당신의 역할이 생긴 것이다. 탈락자는 채용공고에 적힌 '광고 기획, 콘텐츠 제작' 등의 업무를 앵무새처럼 나열하지만, 합격자는 그 업무에 부여된 진짜 '미션'을 간파한다. 그는 "이 직무의 핵심은 단순히 광고를 만드는 것이 아니라, '신규 고객 유입을 20% 늘리는 것'이라는 명확한 목표를 달성하는 것이라고 이해했습니다."라고 말하며, 자신이 그 미션을 완수할 최적의 인물임을 스스로 증명한다.

🔅 그들만의 언어로 처방전을 작성한다

이제 당신은 회사의 돈의 흐름과 고통, 그리고 당신의 임무까지 파악했다. 마지막으로 필요한 것은 이 모든 것을 관통하는 그들만의 '언어(Keywords)'를 장착하는 것이다. 모든 조직에는 그들의 가치관을 상징하는 핵심 코드가 있다. 탈락자는 인재상을 암기하여 "귀사의 인재상은 '도전'입니다."라고 보고하지만, 합격자는 그 언어를 자신의 철학인 것처럼 자연스럽게 구사한다. 그는 **"저는 데이터에 기반하여 문제를 해결하는 것을 즐깁니다."** 혹은 "가장 중요한 것은 '고객 중심'의 사고라고 생각합니다."라고 말하며, 면접관의 뇌에 '이 사람은 이미 우리와 같은 피가 흐르는 사람'이라는 강력한 동질감을 심는다.

결국 이 네 가지는 단절된 정보가 아닌, 하나의 이야기로 연결된다. 회사의 돈의 흐름을 보고, 그 안의 고민을 찾아내, 그것이 나의 자리가 존재하는 이유임을 증명하고, 마침내 그들의 언어로 해결책을 제시하는 것. 이 5분의 분석이 당신의 30분 면접 전체를 지배하게 될 것이다. 더 이상 쓸데없는 정보의 바다에서 허우적거리지 마라. **핵심을 꿰뚫는 자가 승리한다.**

분석의 진정한 가치는 회사에 대한 백과사전을 만드는 것이 아니라, 면접에서 '우리 회사를 진정으로 이해하고 있는 지원자'라는 인상을 주는 것이다. 표면적인 정보 수집을 넘어서, 회사의 현재 상황과 미래 방향을 이해하고 거기에 당신이 어떻게 기여할 수 있는지를 명확히 연결하는 것이 핵심이다. 준비된 지원자와 그렇지 않은 지원자의 차이는 바로 이런 세심한 분석에서 나온다. 5분의 투자로 당신은 수많은 경쟁자들과 확실히 차별화될 수 있다.

5분 기업 분석 워크지

이 챕터를 덮기 전, 지원할 회사를 대상으로 이 워크지를 직접 채워라. 생각만으로는 부족하다. 손으로 직접 작성할 때 비로소 당신의 면접 전략이 완성된다.

STEP 1: 우리 회사의 '혈맥'은 무엇인가? (돈의 흐름)

Q 이 회사의 생명선인 돈의 흐름을 정확히 파악해보자.

- 분석 대상 회사: _____

- 이 회사는 (누구에게) _____을 대상으로,

  (무엇을) _____을 팔아서,

  (어떻게) _____ 방식으로 돈을 번다.

STEP 2: 우리 회사의 '상처'는 무엇인가? (현재의 고민)

Q 최근 뉴스와 IR자료에서 찾아낸 이 회사가 앓고 있는 아픈 지점들을 파악해보자.

- 핵심 도전 과제 (키워드 3개)

1. _____

2. _____

3. _____

- 통합 분석

위 과제들을 종합했을 때, 이 회사가 현재 직면한 가장 큰 도전을 적어보자.

_____

_____

_____

STEP 3: 나의 '자리'는 왜 생겼는가? (채용의 진짜 이유)

채용공고 뒤에 숨겨진 진짜 미션을 읽어내라. 이 자리는 단순히 사람이 부족해서가 아니라, 특정한 문제를 해결하기 위해 만들어진 것이다.

Q 채용공고의 직무설명(JD)에서 자주 등장하는 핵심 키워드/문구를 적어보자.

■ --

Q 이 역할을 통해 회사가 기대하는 구체적 성과를 적어보자.

✔TIP! 단순 업무 나열이 아닌, 측정 가능한 목표나 최종목표(KPI) 중심으로

예 신규 고객 확보 월 50건, 시스템 안정성 99.9% 달성, 브랜드 인지도 20% 향상

■ 예상 KPI/목표: ---

STEP 4: 우리 회사의 '언어'는 무엇인가? (그들만의 코드)

홈페이지와 CEO 메시지에서 반복되는 이 회사만의 특별한 언어를 해독하라. 이 언어를 구사할 줄 아는 사람만이 진짜 내부자가 될 수 있다.

■ 회사가 중시하는 핵심 키워드 (3개)

1. --

2. --

3. --

4-1 면접 전략 문장 준비

Q 위 키워드를 활용하여 면접에서 사용할 차별화된 표현을 만들어 적어보자.

예 "저는 (핵심 키워드) 가치를 바탕으로, (구체적 경험)을 통해 (성과/문제 해결)을 달성해왔습니다."

■ 나의 전략 문장: ---

STEP 5: 통합 전략 설계

5-1 나만의 기업 분석 요약

■ 한 문장으로 이 회사의 핵심 니즈 정리: _____

■ 내가 이 니즈를 해결할 수 있는 이유: _____

5-2 면접 질문 예상 및 준비

Q 위 분석을 바탕으로 받을 가능성이 높은 질문들을 적어보자.

1. "우리 회사에 대해 어떻게 알고 계신가요?"

■ _____

2. "우리 회사의 과제를 어떻게 보시나요?"

■ _____

3. "이 역할에서 어떤 기여를 하실 건가요?"

■ _____

CHAPTER 2

자소서,
면접의 판을 짜는 설계도

💡 닫힌 문장의 저주, 빈틈이라는 미끼를 던져라

　당신은 자기소개서의 최종 목적이 서류 합격이라고 믿는다. 그래서 당신의 자소서는 온갖 경험을 욱여넣은, 지루하고 뻔한 연대기가 된다. 면접관은 그 글에서 어떤 궁금증도 느끼지 못한다. 바로 스스로 모든 질문의 가능성을 차단하는 '닫힌 문장의 저주' 때문이다. 탈락자의 자소서를 보라. "OOO 프로젝트 당시 팀원 간 갈등이 있었지만, 적극적인 소통으로 해결하여 프로젝트를 성공적으로 마쳤습니다." 이 문장은 너무나 완벽하게 닫혀있어, 면접관은 '아, 그렇구나'라고 생각하고 그냥 넘어갈 뿐이다. 그렇게 당신의 자기소개서는 서류함 속에서 조용히 죽어버린다. 서류 합격은 최소 기능일 뿐, 진짜 목적이 될 수 없다.

진짜 목적은 면접관이 물어볼 질문을 당신이 직접 설계하여, 면접의 판 자체를 지배하는 것이다. 합격자의 자기소개서는 완벽하게 모든 것을 설명하지 않는다. 오히려 그는 "팀의 기존 방식과는 전혀 다른 저만의 원칙을 적용하여 팀원들의 초기 반발을 샀습니다"와 같이, 의도적으로 '정보의 공백'을 흘린다. 이것이 바로 면접관의 지적 호기심을 자극하고, 그가 참을 수 없이 질문하게 만드는 '질문 미끼'다. 면접관이 그 미끼를 무는 순간, 게임은 당신이 설계한 시나리오대로 흐르기 시작한다. 당신의 자소서는 이제 단순한 서류가 아닌, 면접관을 조종하는 '설계도'가 된다.

💡 면접관을 낚는 3가지 필살의 미끼

그렇다면 이 미끼는 어떻게 설계하는가? 당신의 모든 경험은 다음 세 가지 필살의 기술로 재가공될 수 있다.

첫째, 놀라운 '결과'를 보여주되 결정적인 '과정'을 숨겨라. 예를 들어, "경쟁사의 선점 효과로 비관적이었던 시장에서, 예상치 못한 고객군을 타깃팅하여 3개월 만에 시장 점유율 2위를 달성했습니다."라고 던져라. 이 문장은 면접관이 "그 예상치 못한 고객군이 대체 누구였습니까? 어떻게 그들을 찾아냈습니까?"라고 묻지 않고는 못 배기게 만드는 'How' 미끼다.

둘째, 상식과는 다른 '행동'을 언급하라. "팀의 목표 달성을 위해, 저는 제가 맡은 역할의 일부를 과감하게 포기하고 동료에게 넘겨주었습니다."처럼 말이다. 이 문장은 자연스럽게 "자신의 역할을 포기하는 것은 쉽지 않은데, 왜 그런 결정을 했습니까?"라는 질문으로 이어지는 'Why' 미끼다.

마지막으로 가장 높은 수준의 기술은, 성공이나 실패라는 표면적 결과를 넘어 그것을 통해 얻은 '나만의 통찰'을 던지는 것이다. "공모전에서의 실패는 저에게 좌절이 아니라, '완벽한 기획'의 치명적인 약점을 깨닫게 해준 최고의 경험이었습니다."라고 말하면, 면접관은 당신의 통찰력을 증명할 최고의 무대로 당신을 초대하게 된다. 바로 "완벽한 기획의 치명적인 약점이란 것이 무엇이었습니까?"라는 질문을 통해서다. 이것이 바로 'What' 미끼다.

🔆 자기소개서, 면접의 판을 짜는 설계도가 된다

이제부터 자기소개서를 쓰지 마라. 대신 당신이 주인공인 면접이라는 연극의 '대본'을 설계하라. 모든 문장은 당신이 가장 자신 있는 이야기로 연결되는 치밀한 '미끼'가 되어야 한다. 면접관이 당신의 자기소개서를 읽는 시간은 서류를 평가하는 시간이 아니다. 그것은 당신이 짜놓은 각본에 자신도 모르게 완벽하게 빠져드는 시간이 될 것이다.

질문 유도 전략의 진정한 힘은 수동적 답변자에서 능동적 대화 주도자로 전환하는 데 있다. 완결형 답변은 면접관에게 "알겠습니다."라는 반응만 이끌어내지만, 호기심 유발형 답변은 "더 자세히 말씀해 주세요."라는 적극적 참여를 만들어낸다. 이는 단순한 질의응답을 깊이 있는 전문적 대화로 발전시키는 핵심 기법이다. 면접관의 질문을 기다리는 사람이 아니라, 면접관이 묻고 싶어 하는 질문을 만들어내는 사람이 될 때, 당신은 면접의 주도권을 완전히 장악할 수 있다.

ACTION PLAN | 나의 경험을 '질문 미끼'로 바꾸는 워크지

단순히 이해하는 것을 넘어서라. 당신의 가장 자신 있는 경험 하나를 골라 아래 3단계를 통해 면접관의 호기심을 자극하는 전략적 도구로 만들어라. 이 과정을 거친 경험만이 면접장에서 진짜 영향력을 발휘한다.

STEP 1: 기존의 '완결형' 경험 문장 작성

Q 당신이 자기소개서에 항상 쓰던 방식대로, 가장 강력한 경험 하나를 '모든 것을 설명하는 완성된 문장'으로 적어보자.

> **완결형 문장 예시**

- 상황-행동-결과가 모두 포함됨
- 궁금증을 유발하지 않는 닫힌 구조
- 추가 질문의 여지가 없음

예 "○○○ 프로젝트에서 팀원 간 갈등이 있었습니다. 저는 개별 면담과 명확한 역할 분담을 통해 갈등을 해결하고 프로젝트를 성공적으로 완료했습니다."

- 나의 완결형 경험 문장:

_____

_____

_____

_____

STEP 2: 3가지 관점의 호기심 유발 문장으로 재구성

STEP 1의 경험을 아래 3가지 관점에 맞춰 면접관의 궁금증을 자극하는 '열린 문장'으로 변환하라.

2-1 'How' 유도 (과정의 신비화)

'어떻게 했는지' 궁금하게 하도록 구체적인 방법이나 과정을 의도적으로 생략하라.

예 "팀 프로젝트에서 심각한 갈등 상황이 발생했는데, 저만의 접근법으로 상황을 완전히 반전시킬 수 있었습니다."

■ 나의 'How' 유도 문장:

2-2 'Why' 유도 (동기의 흥미화)

'왜 그런 선택을 했는지' 궁금하게 하도록 이유나 배경을 전략적으로 숨겨라.

예 "다른 팀원들이 모두 반대했지만, 저는 오히려 그 반대 의견이야말로 우리가 놓친 핵심이라고 생각했습니다."

■ 나의 'Why' 유도 문장:

2-3 'What' 유도 (결과의 재해석)

'그게 정확히 무엇인지' 궁금하게 하도록 나만의 독특한 통찰이나 결론을 암시하라.

예 "그 경험을 통해 갈등이 사실은 팀의 가장 소중한 자산이 될 수 있다는 것을 배웠습니다."

■ 나의 'What' 유도 문장:

STEP 3: 유도된 질문에 대한 전략적 답변 준비

STEP 2에서 유도한 각 질문에 대해 면접관을 납득시킬 수 있는 핵심 답변을 미리 설계하라.

3-1 'How' 질문 대응 전략

구체적인 방법론이나 단계, 도구를 중심으로 한 체계적 답변이다.

- 답변 핵심 키워드: _____

예 구체적 답변 구조: 상황 파악 → 전략 수립 → 실행 단계 → 결과 확인

- _____

3-2 'Why' 질문 대응 전략

판단 근거, 가치관, 철학적 배경을 중심으로 한 설득적 답변이다.

- 답변 핵심 키워드: _____

예 구체적 답변 구조: 상황 인식 → 판단 기준 → 선택 이유 → 결과 검증

- _____

3-3 'What' 질문 대응 전략

독특한 통찰, 배운 점, 원칙을 중심으로 한 깊이 있는 답변이다.

- 답변 핵심 키워드: _____

예 구체적 답변 구조: 표면적 결과 → 깊은 깨달음 → 일반화된 원칙 → 적용 계획

- _____

STEP 4: 통합 시나리오 완성

4-1 면접 상황 시뮬레이션

Q 당신이 선택한 유도 문장 중 가장 효과적일 것 같은 하나를 골라 전체 시나리오
를 완성해보자.

- 선택한 유도 문장: _____

■ 예상되는 면접관 후속 질문: --

■ 준비된 핵심 답변: --

4-2 백업 전략

■ 만약 면접관이 예상한 질문을 하지 않을 경우를 대비한 대안

- 자연스러운 전환 방법: "그 과정에서 특히 인상적이었던 것은…"

- 또는: "그 경험에서 가장 중요한 포인트는…"

CHAPTER 3

3문장 법칙,
기억에 박히는 자기소개 구조

💡 1분 자기소개, 지루한 다큐를 폐기하라

당신은 1분 자기소개를 하라는 말에, 당신의 인생을 60초짜리 다큐멘터리로 만들려고 한다. 태어나서 대학에 가고, 동아리 활동을 하고, 인턴을 했던 경험을 꾸역꾸역 압축한다. 그 결과물은 면접관의 기억에 남지 않는 소음일 뿐이다. 면접관은 당신의 일대기에 관심이 없다. 그는 당신이 '쓸모 있는 인간'인지를 가장 빠른 시간 안에 판단하고 싶어 한다. 따라서 당신의 자기소개는 요약

이 아니라, 상대의 뇌리에 박히도록 의도적으로 설계된 한 편의
짧고 강력한 '예고편'이어야 한다.

💡 3문장 법칙으로 스토리텔링하라

그 예고편을 만드는 가장 강력한 구조가 바로 '과거-현재-미래'
로 이어지는 3문장 법칙이다.

첫째, 과거의 한 점을 찍어 '무기'의 탄생을 증명한다. 이야기
의 첫 문장은 당신의 연대기가 시작되는 곳이 아니다. 당신의 가
장 강력한 '무기(핵심 역량)'가 만들어진 '결정적 사건'을 압축해
서 보여주는 장면이다. 탈락자가 자신의 경험을 밋밋하게 나열할
때, 합격자는 자신의 경험을 통해 얻은 무기를 명확히 정의한다.
예를 들어 "반복되는 야근의 원인이 실력 부족이 아닌, 수작업
으로 반복되던 '테스트와 서비스 업데이트 과정'에 있음을 발
견하고, 이를 자동화하여 팀 전체의 개발 속도를 2배 이상 끌
어올렸던 경험을 통해 저는 '기술로 팀의 잠재력을 극대화하
는 능력'이라는 무기를 갖게 되었습니다."라고 말하며 자신의
가치를 스스로 증명한다.

둘째, 현재의 좌표를 겨눠 '적임자'임을 선포한다. 그 무기를 손

에 쥔 당신은 왜 이 전쟁터(회사)에 왔는지를 증명해야 한다. 당신은 그저 일자리를 찾아온 구직자가 아니라, 이 회사의 목표 달성을 가속할 해결사임을 선포해야 한다. 합격자는 회사가 "'더 빠른 시장 대응을 통한 서비스 고도화'를 추구하시는 상황"이라는 현재 좌표를 정확히 조준한다. 그리고 "제가 가진 '기술로 팀의 잠재력을 극대화하는 능력'은 귀사의 성장에 가속도를 붙일 가장 확실한 엔진이라고 생각합니다."라고 말하며, 자신의 무기가 바로 이 회사를 위한 최적의 무기임을 명확히 연결시킨다.

마지막으로 미래의 성공을 그려 '확신'을 심어준다. 이야기의 마지막은 당신이 만들어낼 성공의 예고편으로 장식해야 한다. 추상적인 포부가 아니라, 구체적이고 자신감 넘치는 성공의 그림을 상대의 머릿속에 각인시켜야 한다. 탈락자가 "최선을 다하겠습니다."라는 공허한 약속을 할 때, 합격자는 "입사 후, 불필요한 반복 작업을 자동화하여 팀의 귀중한 에너지를 '새로운 가치 창출'에 온전히 집중시키는 개발 환경을 만들고 싶습니다."라며 모든 리더가 꿈꾸는 구체적인 미래를 약속한다.

이 세 문장을 합치면, 당신의 자기소개는 더 이상 지루한 설명이 아닌 강력한 한 편의 제안서가 된다.

"저는 반복되는 야근의 원인이 실력 부족이 아닌, 수작업으로 반복되던 '테스트와 서비스 업데이트 과정'에 있음을 발견하고, 이를 자동화하여 '기술로 팀의 잠재력을 극대화하는 능력'이라는 무기를 갖게 되었습니다. 이 능력은 '더 빠른 시장 대응을 통한 서비스 고도화'를 추구하는 귀사의 성장에 가속도를 붙일 가장 확실한 엔진이라고 확신합니다. 입사 후에는 불필요한 반복 작업을 자동화하여 팀의 귀중한 에너지를 '새로운 가치 창출'에 온전히 집중시키는 개발 환경을 만들고 싶습니다."

이것은 더 이상 자기소개가 아니다. 과거의 증명, 현재의 진단, 미래의 약속으로 이어지는 완벽한 한 편의 스토리다. 면접관은 당신의 인생이 아니라, 당신이 만들어낼 '가치'에 대한 이 짧고 강력한 스토리를 절대 잊지 못할 것이다.

이 구조의 힘은 당신의 과거-현재-미래를 하나의 일관된 스토리로 연결하는 데 있다. 단순한 경력 나열이나 장점 소개를 넘어서, 당신이 어떤 사람이고, 현재 무엇을 할 수 있으며, 미래에 어떤 가치를 만들어낼 것인지를 명확하게 보여준다. 이는 면접관으로 하여금 당신을 입체적이고 신뢰할 만한 사람으로 인식하게 만드는 강력한 도구다. 당신만의 고유한 경험과 관점이 담긴 3문장은 수많은 지원자 중에서 당신을 기억에 남는 사람으로 만들어줄 것이다.

3문장 자기소개 완성 워크지

이 챕터의 진정한 가치는 당신이 이 워크지를 채울 때 발현된다. 당신의 인생에서 가장 의미 있었던 성장의 순간을 떠올리며, 아래 질문에 따라 당신만의 3문장 스토리를 완성하라.

STEP 1: 과거 – 당신의 '핵심 역량'을 발굴하고 정의하라

1-1 경험 탐색

Q 당신의 인생에서 '가장 도전적이고 복잡했던 문제'는 무엇이었는지 적어보자.

✔ *TIP!* 학업, 프로젝트, 개인적 도전 등 어떤 경험이든 상관없다.

- 선택한 도전적 경험: ⎯⎯⎯⎯⎯⎯⎯⎯⎯⎯⎯⎯⎯⎯⎯⎯⎯⎯⎯⎯

⎯⎯⎯⎯⎯⎯⎯⎯⎯⎯⎯⎯⎯⎯⎯⎯⎯⎯⎯⎯⎯⎯⎯⎯⎯⎯

1-2 접근 방식 분석

Q 그 문제를 해결하기 위해 당신이 사용했던 가장 핵심적인 '접근 방식'이나 '사고 과정'을 적어보자.

> **접근 방식 분석 예시**

- "단순 암기 대신 전체 구조를 파악하는 방식을 택했다"
- "개별 해결책보다 근본 원인을 찾는 데 집중했다"
- "혼자 해결하려 하지 않고 다양한 관점을 수집했다"

- 나의 핵심 접근 방식: ⎯⎯⎯⎯⎯⎯⎯⎯⎯⎯⎯⎯⎯⎯⎯⎯⎯

1-3 역량 정의

Q 그 접근 방식을 한 문장의 강력한 '핵심 역량'으로 정의하여 적어보자.

- 나의 핵심 역량: ⎯⎯⎯⎯⎯⎯⎯⎯⎯⎯⎯⎯⎯⎯⎯⎯⎯⎯⎯⎯

1-4 첫 번째 문장 완성

Q 위 내용을 바탕으로 당신의 과거 경험을 담은 첫 문장을 적어보자.

- 나의 1문장 (과거):

STEP 2: 현재 – 당신의 역량을 '회사의 니즈'와 연결하라

2-1 문제 해결 연결점

Q 당신이 발굴한 '핵심 역량'은 대부분의 회사가 가진 어떤 보편적 과제를 해결할 수 있는지 적어보자.

- 나의 역량이 해결할 수 있는 문제: _____

2-2 역할 선언

Q 당신의 역량이 그 문제 해결에 어떤 의미 있는 기여를 할 수 있는지 상징적으로 표현해보자.

> **역할 선언 예시**

- "복잡함을 단순하게 만드는 정리 도구"
- "막힌 상황을 뚫어주는 돌파구"
- "흩어진 요소들을 연결하는 다리 역할"

- 나의 역할 선언: _____

2-3 두 번째 문장 완성

Q 위 내용을 바탕으로 현재 상황에서의 당신의 가치를 담은 두 번째 문장을 완성해보자.

- 나의 2문장 (현재):

STEP 3: 미래 – 당신이 만들어낼 '가치'를 약속하라

3-1 기여 결과 정의

Q 당신의 '핵심 역량'을 활용했을 때, 팀과 조직이 얻게 될 구체적인 '긍정적 결과'
는 무엇인지 적어보자.

- 구체적 기여 결과: --

3-2 미래 비전의 상징화

Q 그 결과를 하나의 강력한 '상징'이나 '메타포'로 표현해보자.

> 상징 표현 예시

- "더 든든한 기반 위에서 성장하는 조직"
- "새로운 가능성으로 가득한 미래"
- "모든 구성원이 자신의 잠재력을 발휘하는 환경"

- 나의 미래 비전 상징: ---

3-3 세 번째 문장 완성

Q 위 내용을 바탕으로 미래 기여 가치를 담은 세 번째 문장을 적어보자.

- 나의 3문장 (미래):

STEP 4: 3문장 자기소개 통합 완성

Q 위에서 완성한 세 문장을 자연스럽게 연결하여 완전한 자기소개로 구성하라.

- 1문장 (과거 - 역량 형성):

- 2문장 (현재 - 가치 연결):

- 3문장 (미래 - 기여 약속):

CHAPTER 4

자기소개 유형별 전략,
당신의 가면을 선택하라

💡 당신의 '필살 자기소개'가 실패하는 이유

당신은 자기소개를 할 때, 늘 똑같은 레퍼토리의 '나'를 보여준다. 마치 세상의 모든 자물쇠를 하나의 열쇠로 열려는 어리석은 도둑과 같다. 최고의 자기소개는 회사마다 달라야 한다. 그 이유는 당신이 누구인지(Who you are)의 문제가 아니라, 회사가 지금 당장 '무엇을 원하는지(What they want)'의 문제이기 때문이다. 따라서 성과형, 성장형, 비전형, 도전형은 당신의 성격 유형이 아니다. 이것은 당신이 회사의 상황을 분석한 뒤, 전략적으로 선택해야 할 네 가지의 다른 '역할'이자 '공격 루트'다.

예를 들어 지금 당장 불이 난 집에 필요한 것은 2년 뒤에 소방관이 될 학생이 아니라, 지금 당장 호스를 들고 불을 끌 수 있는 소방관이다. 잘못된 역할을 연기하는 것은 면접에서 저지를 수 있는 최악의 실수다. 그러므로 당신은 "나는 어떤 타입인가?"라고 묻지 마라. 대신 "이 회사는 지금 어떤 타입의 사람을 원하는가?"라고 물어야 한다. 기업 분석을 통해 회사의 상황을 진단하고, 그 진단에 맞춰 당신의 역할을 결정해야 한다. 아래 제시한 네 개의 가면을 계절에 맞춰서 선택하라.

첫째, 해결사의 가면(혹독한 겨울): 회사가 실적 부진, 시장 점유율 하락 등 당장 해결해야 할 '생존'의 문제에 직면한 '혹독한 겨울'을 보내고 있을 때, 당신은 '해결사(성과형)'의 가면을 써야 한다. 이 역할의 핵심은 "제가 과거에 해결했던 문제가, 당신들이 지금 겪고 있는 바로 그 문제입니다."라고 선포하는 것이다. 당신의 자기소개는 잠재력이나 비전 같은 뜬구름 잡는 소리가 아니라, "저는 지난 3년간 5개의 유사 프로젝트를 성공시키며, 평균 15%의 비용 절감을 달성한 경험이 있습니다. 채용공고를 통해 파악한 귀사의 OOO 문제 또한, 제가 가진 이 경험을 통해 가시적인 성과를 만들어낼 자신이 있습니다."처럼 과거의 숫자로 증명되는 **'성과'** 그 자체가 되어야 한다.

둘째, 성장주의 가면(역동적인 봄): 회사가 위기보다는 미래의 불확실성 앞에서 빠르게 성장하는 '역동적인 봄'을 보내고 있다면, 당신은 '성장주(성장형)'의 가면을 선택해야 한다. 이 역할은 "저는 당신들이 미래에 필요로 할 바로 그 무기를, 누구보다 빠르게 만들 수 있는 사람입니다."라고 말하는 것이다. 경험 부족이라는 프레임 자체를 버리고, 그것을 압도하는 '성장 속도'를 증명해야 한다. "저는 완전히 새로웠던 OOO 분야에 도전하여 3개월 만에 핵심 원리를 터득하고 팀 내 상위 10%의 성과를 낸 경험이 있습니다. 이 경험을 통해 저는 어떤 새로운 분야든 빠르게 학습하여 성과로 연결하는 저만의 '성장 공식'을 체득했습니다. 이 성장 공식을 바탕으로, 팀에 없어서는 안 될 핵심 인재로 성장할 것을 약속드립니다."라고 말하며, 당신이 가장 수익률 높은 '투자 상품'임을 어필해야 한다.

셋째, 불도저의 가면(타오르는 여름): 회사가 폭발적인 경쟁 속에서 공격적으로 시장을 확장해야 하는 '타오르는 여름'을 보내고 있다면, 당신은 '불도저(도전형)'의 가면을 써야 한다. 이 역할은 "저는 한계를 두지 않는 실행력으로 시장을 개척할 사람입니다."라고 선언하는 것이다. "저는 성공률 1%에 불과했던 신규 시장 진출 프로젝트에 자원하여, 3개월간 100건의 콜드콜을 진행하고 50개 이상의 파트너사를 직접 발굴했습니다. 이 경험은 제게 '불가능은 없다'는 실행력과 집념을 선물했습니다. 이 뜨거운 실행력으로 귀사의 신규 시장 개척에 앞장서겠습니다."라고 말하며, 당신이 가장 공격적인 '공격수'임을 증명해야 한다.

넷째, 동반자의 가면(풍요로운 가을): 회사가 성과나 성장보다 조직의 철학이나 문화를 극도로 중요하게 여기는 '풍요로운 가을'을 보내고 있다면, 당신에게 필요한 가면은 '동반자(비전형)'의 것이다. 이 역할의 핵심은 "저는 단순히 돈을 벌기 위해 온 것이 아니라, 당신들의 위대한 여정에 동참하기 위해 왔습니다."라고 말하는 것이다. 당신의 역량을 자랑하기 전에, 회사의 비전과 자신의 신념이 완벽하게 일치함을 먼저 증명해야 한다. "저는 오랫동안 '기술로 소외된 사람들을 돕는다'는 신념을 가지고 OOO 활동을 해왔습니다. 귀사가 추구하는 '금융 소외 계층을 위한 따뜻한 기술'이라는 비전을 보는 순간, 제가 가야 할 길이 바로 이곳이라는 것을 깨달았습니다. 저의 OOO 능력은 이 비전을 현실로 만드는 데 가장 강력한 도구가 될 것입니다."라고 말하며, 당신이 단순한 지원자가 아닌 같은 꿈을 꾸는 '운명'임을 설득해야 한다.

최악의 수는 '잘못된 역할'을 연기하는 것이다. 결국 핵심은 하나다. 기업 분석을 통해 회사의 현재 상황을 정확히 진단하고, 그 진단에 맞는 최적의 가면을 선택하여 연기하는 것이다. 당신의 진짜 모습이 무엇인지는 중요하지 않다. 면접은 당신의 본질을 알아주는 자리가 아니라, 당신이 얼마나 쓸모 있는지를 증명하는 자리일 뿐이다. 카멜레온처럼 자신을 바꾸는 자만이 어떤 환경에서도 살아남는 최종 합격자가 된다.

전략적 페르소나의 진정한 힘은 무작정 자신을 어필하는 것이 아니라, 회사가 원하는 바로 그 사람이 되어 나타나는 데 있다. 면접은 당신이 누구인지를 보여주는 자리가 아니라, 그들이 찾는 사람이 당신임을 증명하는 무대다. 회사의 현재 상황을 정확히 진단하고, 그 상황에 가장 적합한 인재상을 선택하며, 그 인재상을 완벽하게 구현하는 메시지를 전달할 때, 당신은 비로소 거부할 수 없는 지원자가 된다. 계절을 읽는 자가 면접을 지배한다. 당신이 선택한 페르소나가 그들의 절실한 필요와 만나는 순간, 그것이 바로 합격의 순간이다.

나의 면접 '가면'을 선택하는 전략 워크지

지원하는 회사를 분석하여 당신이 선택해야 할 단 하나의 전략적 정체성을 설계하고, 그 정체성의 핵심 메시지를 직접 완성하라. 빈칸을 채우는 과정에서 당신만의 면접 전략이 완성될 것이다.

STEP 1: 전장을 분석하라 – 이 회사는 지금 어떤 '계절'을 지나고 있는가?

Q 지원하는 회사의 현재 상황을 아래 네 가지 계절 중 하나로 진단하고, 그 판단의 구체적 근거를 적어보자.

1. 혹독한 겨울(생존의 시기): 실적 부진, 시장 점유율 하락 등 당장 해결해야 할 '생존'의 문제가 가장 시급한 상태

- 이 회사가 '혹독한 겨울'에 해당한다고 판단한 근거:

2. 역동적인 봄(도전의 시기): 새로운 시장 진출이나 빠른 성장을 통해 미래를 준비하는 '확장'의 시기

- 이 회사가 '역동적인 봄'에 해당한다고 판단한 근거:

3. 타오르는 여름(전투의 시기): 치열한 경쟁 시장에서 공격적으로 점유율을 확대하는 '격돌'의 시기

- 이 회사가 '타오르는 여름'에 해당한다고 판단한 근거:

4. 풍요로운 가을(성숙의 시기): 안정적 성과를 바탕으로 성과 이상의 '철학'과 '문화' 를 다지는 시기

■ 이 회사가 '풍요로운 가을'에 해당한다고 판단한 근거:

■ 최종 진단: 내가 분석한 이 회사의 현재 계절은 '--'이다.

STEP 2: 페르소나를 선택하라 – 어떤 인재가 필요한가?

Q STEP 1에서 진단한 '계절'에 이 회사가 가장 필요로 하는 인재상은 무엇인가? 당신이 왜 그런 인재가 될 수 있는지 연결하여 적어보자.

■ 이 계절에 필요한 핵심 인재는 바로

☐ 혹독한 겨울을 끝낼 '문제 해결사' (성과 중심형)

☐ 역동적인 봄을 이끌 '성장 개척자' (발전 지향형)

☐ 타오르는 여름을 지배할 '실행 엔진' (추진력 중심형)

☐ 풍요로운 가을을 함께할 '비전 동반자' (가치 공유형)

■ 내가 바로 그 인재인 이유:

STEP 3: 핵심 메시지를 설계하라 – 선택한 페르소나의 목소리

Q 당신이 선택한 인재상의 목소리로, 면접의 첫 순간을 장악할 당신만의 핵심 메시지를 적어보자.

■ '문제 해결사'의 메시지

예 과거의 구체적 성과 + 현재 회사의 과제 + 나의 명확한 해결 방안

■ '성장 개척자'의 메시지

예 압도적 학습/성장 속도 증명 + 이 성장 공식의 정의 + 팀의 핵심 동력이 되겠다
는 약속

■ '실행 엔진'의 메시지

예 한계를 모르는 추진력 증명 + 치열한 경쟁 환경 인식 + 나의 집념이 회사 성과로
직결될 것이라는 약속

■ '비전 동반자'의 메시지

예 회사 비전/철학에 대한 깊은 공감 + 나의 신념/경험과의 연결 + 나의 역량이 이
비전 실현의 핵심 도구임을 선언

STEP 4: 전략 완성도 점검

■ 일관성 검증

☐ 계절 진단이 객관적 근거에 기반하고 있는가?

☐ 선택한 페르소나가 회사의 계절과 논리적으로 연결되는가?

☐ 핵심 메시지가 선택한 페르소나를 명확히 구현하고 있는가?

☐ 메시지가 당신의 실제 경험과 역량에 기반하고 있는가?

■ 차별화 검증

☐ 다른 지원자들과 구별되는 독특한 관점이 담겨 있는가?

☐ 회사별 맞춤형 전략이 반영되어 있는가?

☐ 기억에 남을 만한 임팩트 있는 표현이 포함되어 있는가?

CHAPTER 5

D-30·D-7·D-1 집중 루틴,
합격 감각을 극대화하라

면접 날짜가 잡히면, 무엇부터 해야 할지 몰라 막막하고 불안한 마음이 드는 것이 당연하다. 대부분의 지원자는 불안감 때문에 인터넷상의 예상 질문 목록을 닥치는 대로 모아 답을 외우기 시작한다. 하지만 그것은 합격에서 가장 멀어지는 길이다. 이제부터 당신의 한 달을 합격에 최적화된 루틴으로 안내하겠다. 이 가이드는 당신의 불안감을 '확신'으로 바꾸는 가장 확실한 청사진이 될 것이다.

🔆 D-30: 합격의 설계도를 그려라

면접 준비의 첫 한 달은, 당신이 살게 될 '합격'이라는 집의 설계도를 그리는 시간이다. 탄탄한 설계도 없이는 아무리 값비싼 가구를 들여도 집은 무너진다. 이 기간에 당신은 면접의 판을 완벽하게 이해하고, 당신의 무기를 선별하며, 최종 예고편을 완성해야 한다.

1단계, '전쟁 지도' 만들기 (기업/직무 분석): 지원하는 회사의 이름으로 된 파일이나 노트를 만들고, 이전 챕터에서 배운 4가지 핵심(돈, 고민, 자리, 언어)에 대한 분석 내용을 딱 한 페이지로 정리한다. 회사의 사업 보고서, 최근 1년간의 뉴스 기사, 채용공고의 직무 기술서, 홈페이지의 인재상 페이지만 집중적으로 보는 것이 효과적이다. 이는 당신이 면접 내내 길을 잃지 않게 해 줄 단 하나의 '지도'가 되며, 모든 답변은 이 지도에서 출발해야 한다.

2단계, '필살 무기' 3개 선별하기 (경험 재가공): 당신의 모든 경험을 5~7개 정도 나열하고, D-30 1단계에서 만든 '전쟁 지도'의 '고민(Pain Point)'을 가장 잘 해결해 줄 수 있는 경험 3개만 남기고 모두 지운다. 남은 3개의 경험을 이전 챕터의 '질문 미끼 워크지'를 활용하여, 면접관의 질문을 유도하는 강력한 스토리로 재가공해야 한다. 모든 경험을 다 보여주려는 욕심은 당신을 '주제 파악 못 하는 사람'으로 만들 뿐이다. 면접관은 당신의 가장 강력한 무기 3개에만 관심 있다.

3단계, '결정적 예고편' 완성하기 (3문장 자기소개): 1, 2단계에서 완성된 지도와 무기를 바탕으로, 당신의 '과거-현재-미래' 3문장 자기소개를 완성한다. 각각의 문장을 포스트잇에 적어 눈에 잘 띄는 곳에 붙여두고, 오가며 자연스럽게 입에 익히는 것이 중요하다. 외우는 것이 아니라, 당신의 생각처럼 만드는 과정이다. 이 3문장은 당신의 가장 강력한 무기를 소개하는 '영화 예고편'이다. 면접관은 이 예고편을 보고, 이어질 당신의 이야기에 대한 기대감을 품게 될 것이다.

💡 D-7: 온몸으로 익히는 실전 감각

이제 머리로 아는 것을 몸으로 익히는 시간이다. 대본을 완벽히 이해한 배우가 무대 위에서 리허설을 하듯, 당신도 실전 감각을 깨워야 한다.

1단계, '단 한 장의 대본' 만들기 (핵심 요약): A4용지 한 장에 D-30에 설계한 내용의 핵심만 요약한다. [회사의 고민], [나의 3문장 자기소개], [필살 무기 경험 3개의 핵심 키워드]를 정리하는 것이다. 종이의 맨 위에는 [회사의 핵심 과제]를 한 문장으로 적고, 바로 아래에는 당신의 [3문장 자기소개]를 그대로 옮겨 적는다. 마지막으로 당신의 [필살 무기 경험 3개]에 대해, 각 경험당 '상황, 행동, 결과'를 나타내는 핵심 키워드 3개씩만 적는다. 문장이 아닌 단어로 적어야 실전에서 떠올리기 쉽다. 불안할 때 인간은 기억력에 의존하려 하지만, 최고의 무기는 기억이 아니라 '체화된 감각'이다. 이 한 장의 종이는 당신의 뇌를 안정시키고, 가장 중요한 것에만 집중하게 만드는 '부적'이다.

2단계, 혼자서 소리 내어 말해보기 (1인 리허설): 거울 앞에서, 혹은 스마트폰으로 녹화하며 '단 한 장의 대본'에 있는 내용을 실제로 말해본다. 완벽하게 말하려 애쓰지 않는 것이 중요하다. 대신, "이번에는 시선을 흔들리지 않는 것만 연습하자", "이번에는 '음…' 하는 습관만 없애보자"처럼, 매번 단 하나의 목표만 정하고 연습한다. 머릿속으로 생각하는 것과 입으로 말하는 것은 완전히 다른 영역이다. 실제로 소리를 내봐야 당신의 어색한 말투와 불필요한 습관을 발견하고 교정할 수 있다 있다.

3단계, 실전처럼 싸워보기 (최종 리허설): 믿을 만한 친구나 가족에게 면접관 역할을 부탁하고, 예상 질문 리스트를 활용하여 실전처럼 진행한다. 리허설이 끝난 뒤, "답변 내용이 어땠어?"라고 묻지 않는다. 대신, "내가 말할 때, 어떤 사람처럼 느껴졌어? 믿음직스러워 보였어, 아니면 불안해 보였어?"라고 묻는다. 우리가 점검할 것은 내용이 아니라 당신이 풍기는 '분위기'와 '태도'다. 실전과 가장 비슷한 압박감을 미리 경험해보면, 실제 면접에서 긴장감을 통제할 수 있는 내성이 생긴다.

💡 D-1: 컨디션으로 승부하라

전날은 공부하는 날이 아니다. 중요한 경기를 앞둔 운동선수처럼 당신의 정신과 육체를 최상의 상태로 만드는 날이다.

1단계, 새로운 정보를 차단하라. (뇌 휴식): '단 한 장의 대본' 외에, 더 이상의 새로운 정보(회사 뉴스, 면접 후기 등)를 찾아보지 않는다. 경기 직전의 운동선수가 스테이크를 먹지 않는 것과 같다. 새로운 정보는 당신의 뇌를 무겁게 하고, 이미 완성된 당신의 전략을 흔들 뿐이다. 스스로를 믿어라.

2단계, 성공의 순간을 미리 체험하라. (심상 훈련): 조용한 곳에 편안히 앉아 눈을 감는다. 면접장에 걸어 들어가는 모습, 자신감 있게 인사하는 목소리, 면접관의 눈을 똑바로 바라보는 당신의 눈빛, 막힘없이 3문장을 말하자 고개를 끄덕이는 면접관의 모습까지, 성공적인 면접의 전 과정을 영화처럼 생생하게 상상한다.

뇌는 현실과 상상을 명확히 구분하지 못한다. 이 훈련은 당신의 뇌에 '성공의 경험'을 미리 각인시켜, 실제 상황에서 무의식적인 자신감을 끌어올리는 가장 강력한 마인드 컨트롤이다.

3단계, 사소한 모든 것을 통제하라. (불안감 제거): 면접 때 입을 옷과 구두, 가방을 완벽하게 세팅하고, 가방 속에 신분증, '단 한 장의 대본', 필요한 서류를 넣었는지 확인하며, 면접 장소까지 가는 교통편과 소요 시간을 다시 한번 확인한다. 그리고 평소보다 한 시간 일찍 잠자리에 들어라. 인간의 뇌는 통제할 수 있는 것이 많아질수록 안정감을 느낀다. 사소한 것들을 완벽히 통제함으로써, 당신은 면접이라는 가장 큰 변수 앞에서 평정심을 유지할 수 있다. 최고의 컨디션이야말로 당신의 모든 무기를 120%의 위력으로 만들어 줄 최후의 비기다.

이 모든 준비를 마친 당신은 더 이상 한 달 전의 당신이 아니다. 당신은 더 이상 합격을 구걸하는 불안한 지원자가 아니다. 상대의 수를 읽고, 자신의 무기를 설계하고, 최상의 컨디션으로 결전의 날을 기다리는 전략가이자, 선수가 되었다. 지난 한 달간의 루틴은 당신의 '합격 체질'을 완벽하게 완성시켰다. 이제 당신은 모든 준비를 마쳤다. 두려워하지 마라. 당신은 이미 이길 준비가 끝났다.

면접 준비의 핵심은 완벽한 답변을 만드는 것이 아니라, 자신의 진정한 가치와 역량을 자신감 있게 표현할 수 있도록 하는 것이다. 준비된 자신감이 가장 강력한 면접 전략이다. 체계적인 준비를 통해 당신은 면접이라는 소중한 기회에서 자신답게 최선을 다할 수 있을 것이다. 준비 과정 자체가 이미 당신을 더 나은 전문가로 성장시켰다는 점을 기억하자.

D-day 집중 루틴 최종 점검 체크리스트

면접은 준비의 결실을 보여주는 중요한 순간이다. 체계적인 준비를 통해 당신의 역량을 최상으로 발휘할 수 있도록 단계별로 점검해보자.

D-30 전략 설계 및 핵심 자료 준비 기간

STEP 1: 회사 분석 완료

□ 회사 핵심 정보 정리: 지원 회사의 '사업 모델, 현재 과제, 채용 배경, 핵심 가치'를 A4 한 장에 체계적으로 정리했는가?

□ 업계 동향 파악: 회사가 속한 업계의 최근 트렌드와 경쟁 상황을 이해했는가?

STEP 2: 핵심 경험 3가지 선별 및 가공

□ 경험 선별: 지원 직무와 연관성이 높은 나의 대표 경험 3가지를 선정했는가?

□ 스토리 구조화: 각 경험을 상황 - 행동 - 결과 구조로 체계화했는가?

□ 질문 연결점: 경험이 면접관의 후속 질문을 자연스럽게 유도하도록 설계했는가?

STEP 3: 자기소개 완성

□ 3문장 구조: 과거 경험-현재 가치-미래 기여의 논리적 흐름으로 자기소개를 완성했는가?

□ 시간 조절: 90~120초 내에 자연스럽게 말할 수 있도록 연습했는가?

D-7 실전 감각 향상 및 세부 조정 기간

STEP 1: 핵심 자료 압축

□ 한 페이지 요약: A4 한 장에 회사 핵심 정보, 자기소개 키워드, 주요 경험의 핵심 포인트를 정리했는가?

☐ 휴대용 자료: 면접 직전에 빠르게 확인할 수 있는 간결한 메모를 준비했는가?

STEP 2: 개인 연습

☐ 발성 및 표현: 거울이나 카메라 앞에서 자신의 말투, 표정, 자세를 점검했는가?

☐ 반복 연습: 핵심 답변들을 자연스럽게 말할 수 있을 때까지 3회 이상 연습했는가?

☐ 시간 관리: 각 답변의 적절한 길이를 체크하고 조절했는가?

STEP 3: 모의 면접

☐ 실전 연습: 가족이나 친구와 함께 실제와 유사한 환경에서 모의 면접을 진행했는가?

☐ 피드백 수렴: 객관적 관점에서의 개선점을 확인하고 반영했는가?

D-1 최종 점검 및 컨디션 관리

STEP 1: 정보 수집 마감

☐ 추가 학습 중단: 새로운 정보 탐색을 중단하고 이미 준비한 내용에 집중하기로 결정했는가?

☐ 핵심 내용 재확인: 준비한 자료를 가볍게 훑어보며 기억을 환기했는가?

STEP 2: 심리적 준비

☐ 긍정적 시각화: 면접이 성공적으로 진행되는 모습을 구체적으로 상상해보았는가?

☐ 자신감 확인: 지금까지의 준비 과정을 돌아보며 충분히 준비되었음을 확인했는가?

STEP 3: 실무적 준비 완료

☐ 복장 및 준비물: 면접 복장과 필요한 서류들을 미리 준비해두었는가?

☐ 교통편 확인: 면접 장소까지의 경로와 소요시간을 최종 점검했는가?

□ 여유 시간: 예상보다 30분 일찍 도착할 수 있도록 계획했는가?

STEP 4: 컨디션 관리

□ 충분한 휴식: 면접 전날 일찍 잠자리에 들어 충분한 수면을 취할 준비를 했는가?

□ 스트레스 관리: 과도한 긴장보다는 적절한 각성 상태를 유지하고 있는가?

면접 당일 최종 체크

■ 출발 전

□ 준비한 서류와 신분증 확인

□ 면접 장소와 담당자 연락처 재확인

□ 가벼운 아침 식사로 컨디션 관리

□ 여유 있는 출발 시간 확보

■ 면접장 도착 후

□ 10~15분 일찍 도착하여 마음 안정

□ 휴대폰을 무음으로 설정

□ 화장실에서 복장과 외모 최종 점검

□ 깊게 호흡하며 긴장 완화

면접 실전 완성

답으로 증명하는 압도적
합격 기술

CHAPTER 1

T-F-T 답변 구조,
MBTI에서 찾은 면접의 황금 구조

MBTI는 원래 성격 유형을 분류하기 위한 도구다. 그러나 나는 오랜 시간 면접 현장을 분석하면서 T(사고) 유형과 F(감정) 유형이 단순한 성격 구분을 넘어 답변 구조를 설계하는 가장 강력한 원리가 될 수 있다는 사실을 발견했다. 수많은 합격자와 탈락자의 답변을 해부하여 나온 원리를 바탕으로 T-F-T 답변 구조를 정립했다. 이 구조는 사고의 언어(T)로 시작하여 공감의 언어(F)로 설득하고, 다시 사고의 언어(T)로 정리하는 3단계로 이루어진다. 단순해 보이지만, 이 구조 속에서 강력한 힘이 발휘된다. 면접관의 뇌리에 가장 오래 남는 것은 화려한 말솜씨가 아니라, 이성과 감정을 동시에 건드리며 질서 있게 마무리되는 언어의 흐름이기 때문이다.

💡 답변을 세우는 세 단계, T-F-T

첫 번째 T는 결론을 먼저 던지는 이성적 사고다. "제가 중요하게 생각하는 것은 속도보다는 정확성입니다."처럼 주제를 명확히 열어야 한다. 이는 면접관의 뇌가 첫 문장에서 기준점을 찾고 싶어 하기 때문이다. 다음으로 F는 공감할 수 있는 이유를 덧붙이는 단계다. 단순한 사실이나 데이터가 아니라, 듣는 사람이 납득할 수 있는 감정적·사회적 맥락을 더해야 한다. "왜냐하면 팀원들이 실수로 반복되는 수정에 지치면, 결국 프로젝트 전체의 속도가 늦어진다는 것을 경험했기 때문입니다."와 같이, 듣는 이가 고개를 끄덕일 이유를 제공하는 것이다. 마지막 T는 깔끔한 이성적 정리로, 처음 던진 결론을 다시 정돈하며 답변을 마무리해야 한다. "따라서 저는 프로젝트를 맡을 때 항상 정확성을 최우선으로 두어, 결과적으로 더 빠른 성과를 내는 방식을 지향해 왔습니다." 처럼, 다시 사고의 언어로 닫는 것이다. 이 단순한 T-F-T 구조만으로도 답변은 '시작과 끝이 분명한 완결된 서사'로 바뀌고, 면접관은 불필요한 해석 없이 당신의 메시지를 곧바로 각인한다.

수많은 면접 현장에서 긴장하면 말이 늘어진다는 것을 많이 봐왔다. 결론은 뒤로 밀리고 이유는 장황해지며, 결국 답변은 힘을 잃기 마련이다. 하지만 T-F-T 구조는 이 혼란을 질서로 바꿔 준다. 처음의 T는 전두엽을 자극해 기준점을 세우고, F는 변연계를 자극해 공감의 흔적을 남기며, 마지막 T는 다시 논리적 질서를 부여한다. 이 세 단계를 거치면 면접관은 당신을 '말 잘하는 사람'이 아니라 '생각을 설계하는 사람'으로 인식하게 된다.

💡 습관이 될 때 비로소 무기가 된다

이 구조는 머리로 이해하는 순간이 아니라, 입에 붙는 순간에 힘을 발휘한다. 내가 제안하는 훈련법은 단순하다. 신문이나 기사에서 아무 질문이나 뽑아 1분 안에 T-F-T 구조로 답해보는 것이다. 예를 들어 "재택근무의 장단점은 무엇인가?"라는 질문을 받았다고 가정하자.

T(결론): 재택근무의 핵심 장점은 업무 효율의 유연성입니다.

F(이유): 저는 팀원들이 출퇴근 스트레스에서 벗어나 창의적인

아이디어를 더 많이 낸 경험이 있습니다.

T(정리): 따라서 재택근무는 단순 편의가 아니라, 장기적으로 조직의 생산성을 높일 수 있는 제도라고 생각합니다.

이 답변을 녹음하고 다시 들으며, 불필요한 군더더기를 줄이고 구조를 매끄럽게 다듬어라. 하루 10분, 5가지 질문만 연습해도 T-F-T는 곧 당신의 자연스러운 언어 습관이 된다.

T-F-T 구조로 답변을 하게 되면 면접관은 당신을 '논리적으로 사고하면서도 공감할 줄 아는 사람'으로 각인한다. 그리고 이 인식은 면접장을 넘어, 팀과 조직 속에서도 변하지 않는 강력한 경쟁력이 된다. 이제 당신은 더 이상 긴장에 흔들리는 지원자가 아니라, 언어를 설계하고 흐름을 지배하는 전략가로 무대에 서게 될 것이다.

T-F-T 전략의 진정한 가치는 완벽한 답변을 만드는 것이 아니라, 어떤 질문에도 체계적으로 접근할 수 있는 사고 습관을 기르는 것이다. 면접관은 당신이 무엇을 말하는지뿐만 아니라 어떻게 말하는지도 중요하게 본다. T-F-T 구조는 당신의 사고가 논리적이고 체계적임을 보여주는 동시에, 듣는 사람이 따라가기 쉬운 명확한 흐름을 제공한다. 반복 연습을 통해 이 구조가 자연스러운 말하기 습관이 될 때, 당신은 어떤 면접 상황에서도 자신감 있게 대응할 수 있게 된다.

이 워크지는 단순한 답변 준비가 아니라, 당신의 말하는 습관을 '체계적이고 설득력 있는 구조'로 바꾸는 훈련 도구다. 지금 바로 실제 면접 질문을 하나 떠올리며 단계별로 연습해보자.

T-F-T 구조의 이해

- T(Topic/Thesis) : 핵심 결론을 명확하게 제시
- F(Facts/Feelings) : 공감 가능한 근거나 경험 제시
- T(Tie-up) : 결론을 재확인하며 완결된 마무리

STEP 1: 첫 번째 T – 명확한 결론 제시
Q 질문의 핵심에 대한 당신의 답을 가장 짧고 명확한 문장으로 적어보자.

좋은 T의 예시

- "저는 팀워크에서 가장 중요한 요소는 투명한 소통이라고 생각합니다."
- "제가 추구하는 리더십 스타일은 코칭형 리더십입니다."
- "이 직무에서 가장 우선해야 할 과제는 고객 만족도 향상이라고 봅니다."

- 연습할 면접 질문: _____
- 나의 첫 번째 T (결론): _____

STEP 2: F – 공감과 신뢰를 얻는 근거
Q 사람들이 고개를 끄덕일 수 있는 구체적 경험, 합리적 이유, 또는 보편적 맥락을 적어보자.

효과적인 F의 유형

- 개인적 경험 : "실제로 제가 경험한 OO 프로젝트에서…"
- 관찰된 사실 : "많은 성공 사례들을 보면…"

- 논리적 연결: "왜냐하면 이것이 결국 OO로 이어지기 때문입니다."

- 나의 F (근거/맥락): ────────────────────────────────

STEP 3: 마지막 T – 완결된 정리
Q 처음의 결론을 재확인하면서 실행 의지나 미래 계획과 연결하여 답변을 적어
보자.

효과적인 T의 마무리 패턴

- "그래서 저는 ~을 항상 원칙으로 삼고 있습니다."
- "이런 이유로 이 직무에서도 ~에 집중하겠습니다."
- "따라서 ~이야말로 가장 중요한 가치라고 확신합니다."

- 나의 마지막 T (정리): ────────────────────────────

STEP 4: 통합 연습 – 완성된 답변
Q 위 3단계를 자연스럽게 연결하여 완전한 답변으로 적어보자.

- 나의 T-F-T 완성 답변:

──

──

──

STEP 5: 답변 완성도 자가 점검

- 구조적 완성도

☐ 명확한 시작: 첫 문장에서 핵심 메시지가 분명히 드러나는가?

☐ 설득력 있는 근거: 이유가 단순 설명을 넘어 공감 가능한 맥락을 담고 있는가?

☐ 완결된 마무리: 마지막 문장이 답변을 논리적으로 완성시키는가?

■ 내용적 완성도

☐ 일관성: 처음부터 끝까지 하나의 일관된 메시지를 유지하는가?

☐ 구체성: 추상적 표현보다 구체적이고 이해하기 쉬운 내용인가?

☐ 진정성: 당신의 실제 경험과 가치관이 자연스럽게 담겨있는가?

■ 전달력

☐ 적정 길이: 자연스럽게 말할 수 있는 분량인가?

☐ 자연스러운 흐름: 억지스럽지 않고 대화체로 들리는가?

STEP 6: 추가 연습 – 다양한 질문 유형별 적용

6-1 경험 질문 (T-F-T 적용)

Q "가장 어려웠던 프로젝트 경험은?"

- T: "가장 도전적이었던 경험은 OO 프로젝트였습니다."
- F: "당시 상황과 어려움, 해결 과정에 대한 구체적 설명"
- T: "이 경험을 통해 얻은 역량이 현재 제 강점이 되었습니다."

6-2 가치관 질문 (T-F-T 적용)

Q "직장에서 가장 중요하게 생각하는 가치는?"

- T: "저는 지속적 학습을 가장 중요하게 생각합니다."
- F: "변화하는 환경에서 성장하기 위한 필수 요소라고 생각하기 때문입니다."
- T: "그래서 항상 새로운 것을 배우려는 자세를 유지하고 있습니다."

■ 추가 연습해볼 질문 선택: ....

■ T-F-T 구조로 답변 작성:

....

....

....

CHAPTER 2

짧고 강력한 답변, 말 줄이면 점수는 올라간다

면접에서 가장 많이 저지르는 실수는 '빈칸을 채우는 것'이다. 질문을 받으면 머릿속이 하얘지기 전에 무언가를 계속 말해야 한다는 불안감이 당신을 집어삼킨다. 서두는 늘어지고 불필요한 디테일이 이어지며, 결국 말의 꼬리가 꼬리를 물고 본질은 희미해진다. 그러나 면접관의 뇌는 긴 설명을 좋아하지 않는다. 인간의 주의력은 평균 15초 안에서 급격히 줄어들기 때문에, 한 문단 이상의 장황한 답변은 내용이 아니라 '피로감'으로 남는다. 이때 강력한 무기는 역설적으로 '덜 말하기'다. 덜 말할수록 답변은 명료

해지고, 짧을수록 메시지는 각인된다.

면접관은 당신의 모든 경험을 기억할 수 없다. 결국 그는 당신이 남긴 한두 개의 단어, 한두 개의 문장만 기억한다. 이것은 인지심리학의 선택적 주의 현상 때문이다. 긴 답변은 불필요한 정보로 흩어지기 마련이지만, 짧은 답변은 응축된 채로 뇌리에 박힌다. 그렇다면 답변의 목표는 정보 전달이 아니라, **핵심 단어를 심는 것**이다.

☀️ 짧고 오래 남는 답변의 틀, K-S-C 법칙

짧은 답변은 결코 가볍거나 성의 없는 것이 아니다. 오히려 불필요한 장식을 덜어내고 본질에 집중한 방식이다. 면접관은 길게 늘어지는 설명보다, 짧아도 정확한 맥을 짚는 답변에서 더 큰 신뢰를 느끼는데, **K-S-C 법칙**은 이를 위해 고안된 구조다.

K (Keyword): 답변의 첫 문장은 질문을 꿰뚫는 단 하나의 키워드로 열어야 한다. 예를 들어 "저의 장점은 실행력입니다."

S (Short Story): 이어서 그 키워드를 증명하는 짧은 사례를 압축해 전한다. 군더더기를 모두 잘라낸 '핵심 장면' 하나면 충분하다. 예를 들어 "학부 시절 공모전에서, 팀이 3주 안에 기획안을 완

성해야 했습니다. 저는 회의를 길게 끌지 않고 즉시 실행 가능한 과제를 나눠 진행해, 마감일보다 2일 먼저 결과를 제출했습니다."

C (Closing Impact): 마지막은 처음의 키워드를 다시 강조하며 직무와 연결해 정리한다. 예를 들어 "그래서 저는 실행력이 중요한 현장 직무에서 곧바로 성과를 낼 자신이 있습니다."

이 세 단계를 거치면, 답변은 20~40초 안에 완결된다. 이 시간은 짧아서 가볍지 않고, 길어서 산만하지 않은, 집중과 설득의 골든 구간이다. **짧은 답변의 핵심은 속도가 아니라 밀도**다. 말을 빨리 쏟아내는 것이 아니라, 천천히 말해도 메시지가 또렷하게 남도록 구성하는 것이다. 면접관의 뇌리에 오래 남는 것은 많은 단어가 아니라, 정제된 문장과 확실한 이미지다.

K-S-C 전략의 진정한 힘은 복잡한 경험도 명확한 메시지로 압축할 수 있다는 점에 있다. 면접관은 장황한 설명보다는 핵심이 명확하고 기억하기 쉬운 답변을 선호한다. K-S-C 구조는 당신의 경험에 '제목'을 달아주고, 그 제목을 뒷받침하는 '증거'를 제시하며, 그것이 왜 '중요한지'를 명확히 보여준다. 이런 체계적 접근은 면접관으로 하여금 당신을 '생각이 정리된 사람', '요점을 명확히 전달하는 사람'으로 인식하게 만든다. 반복 훈련을 통해 이 구조가 자연스러운 말하기 패턴이 될 때, 당신은 어떤 질문에도 체계적이고 인상적으로 답할 수 있게 된다.

K-S-C 답변 구조 훈련 워크지

K-S-C 법칙(Keyword - Short Story - Closing Impact)을 당신의 답변에 체화하기 위한 훈련 도구다. 핵심은 시간을 채우는 것이 아니라, 메시지를 압축하고 명확히 전달하는 데 있다.

K-S-C 구조의 이해

- K (Keyword) : 핵심 메시지를 한 문장으로 명확히 제시
- S (Short Story) : 키워드를 증명하는 구체적이고 압축된 사례
- C (Closing Impact) : 키워드를 재강조하며 직무 연관성으로 마무리

STEP 1: 연습 질문 선택

Q 훈련할 면접 질문을 하나 선택하여 적어보자.

질문 유형 예시

- 강점/역량 관련 : "당신의 가장 큰 강점은 무엇입니까?"
- 경험 관련 : "가장 성공적이었던 프로젝트는 무엇입니까?"
- 문제 해결 관련 : "어려운 상황을 극복한 경험이 있다면?"

- 내가 선택한 연습 질문: ┈┈┈┈┈┈┈┈┈┈┈┈┈┈┈┈┈┈┈┈┈┈┈

STEP 2: K-S-C 구조 단계별 설계

2-1 K (Keyword) - 명확한 핵심 메시지

Q 답변의 첫 문장을 핵심 키워드 중심으로 간결하게 구성하여 적어보자.

효과적인 K 문장 패턴

- "제 가장 큰 강점은 [키워드]입니다."
- "그 프로젝트에서 가장 중요했던 것은 [키워드]였습니다."
- "저는 [키워드]를 통해 그 문제를 해결했습니다."

- 나의 K (핵심 키워드 문장): ┈┈┈┈┈┈┈┈┈┈┈┈┈┈┈┈┈┈┈┈

2-2 S (Short Story) - 압축된 증명 사례

Q 키워드를 뒷받침하는 구체적 사례를 '상황 → 행동 → 결과' 구조로 압축하여 적어보자.

효과적인 S 구성 요소

- 상황(Context): 언제, 어디서, 무엇 때문에
- 행동(Action): 구체적으로 내가 한 행동
- 결과(Result): 측정 가능한 성과나 변화

- 나의 S (압축된 스토리):

2-3 C (Closing Impact) - 직무 연결 마무리

Q 키워드를 재강조하면서 지원 직무에서의 활용 가능성으로 연결하여 적어보자.

효과적인 C 패턴

- "따라서 제 [키워드]는 이 직무에서 [구체적 기여]에 도움이 될 것입니다."
- "그래서 [키워드]가 중요한 이 역할에서 즉시 성과를 낼 수 있다고 확신합니다."

- 나의 C (임팩트 마무리):

STEP 3: 통합 답변 완성

Q 위 3단계를 자연스럽게 연결하여 완전한 K - S - C 답변을 적어보자.

- 나의 완성된 K - S - C 답변:

STEP 4: 답변 완성도 자가 점검

■ 구조적 완성도 체크

☐ 명확한 시작: 키워드가 첫 문장에서 분명하게 제시되었는가?

☐ 압축된 사례: 군더더기 없이 핵심 장면 하나로 사례를 압축했는가?

☐ 일관된 연결: 키워드가 답변 전체의 중심축으로 일관되게 반복되었는가?

☐ 완결된 마무리: 시작과 끝이 명확하게 연결되어 답변이 완결되었는가?

■ 내용 품질 체크

☐ 구체성: 막연한 설명보다 구체적이고 이해하기 쉬운 내용인가?

☐ 진정성: 실제 경험에 기반한 진실한 내용인가?

☐ 연관성: 지원 직무와 명확한 연결고리가 있는가?

■ 전달 효과 체크

☐ 적정 길이: 자연스럽게 말할 수 있는가?

☐ 자연스러운 흐름: 암기한 듯하지 않고 대화체로 들리는가?

STEP 5: 추가 연습 및 응용

다른 질문 유형으로 확장 연습해보자.

Q 질문 2: "팀워크 경험에 대해 말해보세요."

■ K: ⋯⋯⋯⋯⋯⋯⋯⋯⋯⋯⋯⋯⋯⋯⋯⋯⋯⋯⋯⋯⋯⋯⋯⋯⋯⋯

■ S: ⋯⋯⋯⋯⋯⋯⋯⋯⋯⋯⋯⋯⋯⋯⋯⋯⋯⋯⋯⋯⋯⋯⋯⋯⋯⋯

- C: _____

Q 질문 3: "이 회사에 지원한 이유는 무엇인가요?"

- K: _____

- S: _____

- C: _____

CHAPTER 3

실제 합격 사례 분석,
합격자의 비밀 코드

면접장에서 탈락은 드라마틱하게 일어나지 않는다. 무례한 실수나 뚜렷한 잘못이 없어도 탈락자는 조용히 불합격한다. 반대로 합격자는 특별한 기적을 보여주지 않고도 선택된다. 이 차이는 단순히 '더 잘했다/못했다'가 아니다. 차이는 어떤 심리적 코드를 면접관의 뇌에 남겼는가에서 갈린다. 불합격자는 정답을 말했지만, 그 정답은 공기처럼 흩어졌다. 반면 합격자는 같은 질문에 대한 답변이지만, 하나의 맥락을 이루며 면접관의 뇌리에 오래 남았다. 결국 승부는 말의 양이 아니라, **맥락과 기억의 코드**다.

💡 함정 1. 맥락 없는 정답

"왜 우리 회사에 지원했습니까?"라는 질문을 떠올려 보자. 불합격자는 이렇게 대답한다. "귀사의 비전과 가치에 공감하여 지원했습니다. 또 제가 가진 경험이 직무와 잘 맞는다고 생각합니다." 이 답변은 전혀 틀리지 않았다. 하지만 문제는 바로 그 '정답'에 있는데, 너무 많은 지원자가 같은 말을 하기에, 누구의 것도 차별화되지 않는다. 결국 면접관의 뇌에서는 잡음처럼 스쳐 지나가고 만다.

합격자는 같은 질문에 대해 이렇게 말한다. "저는 인턴십에서 고객 데이터를 활용해 새로운 타깃층을 발굴한 경험이 있습니다. 그 과정에서 데이터가 단순한 수치가 아니라, 실제 전략을 바꾸는 힘이라는 걸 배웠습니다. 특히 귀사가 최근 '고객 맞춤형 서비스 확대 전략'을 발표하신 것을 보고, 제 경험이 그 과제와 직접적으로 연결된다고 생각했습니다. 그래서 직무 적합성을 넘어, 전략 실행에 곧바로 기여할 수 있다고 확신해 지원했습니다." 이 답변도 똑같이 지원 동기를 말하고 있지만, 자신의 경험 → 회사의 현재 과제 → 내가 연결되는 지점의 맥락으로 구조가 다르다. 면접관은 이 답변을 듣고 단순히 "열정적이다"가 아니라, "준비된 사람이다"라는 심리적 인상을 갖게 된다.

💡 함정 2. 사실만 나열하는 답변

불합격자의 답변은 종종 정보의 나열로 흐른다. 예를 들어 "본인의 강점은 무엇입니까?"라는 질문에서, 그는 이렇게 말한다. "저는 성실하고 책임감이 있으며, 팀워크를 중시합니다." 누구나 할 수 있는 말이고, 누구나 실제로도 그렇게 대답하지만, 면접관에게는 아무 장면도 남지 않고 단어만 공중에 맴돌 뿐이다.

합격자는 같은 질문에 이렇게 답한다. "저는 실행력이 강점입니다. 졸업 프로젝트 당시 논의가 길어져 마감이 늦어질 위기가 있었습니다. 저는 회의를 길게 끌지 않고 즉시 실행 가능한 과제를 나눠 진행했고, 그 결과 일정을 지키면서도 품질을 확보할 수 있었습니다. 그래서 실행력이 필요한 현장에서 바로 기여할 수 있다고 생각합니다." 여기서 '실행력'이라는 단어는 더 이상 추상이 아니다. 마감 위기를 돌파하는 구체적 장면이 함께 각인된다. 면접관은 단어가 아니라, 상황 속 인물로서의 지원자를 기억하게 된다.

💡 목표 질문에서 드러나는 합격자의 차이

"5년 뒤 본인의 모습은 어떨까요?"라는 질문은 흔히 나오는 클리셰다. 불합격자는 "저는 꾸준히 성장해서 회사에 기여하는 사람이 되고 싶습니다"라고 답하는데, 문제는 이 답변이 너무나 포괄적이라는 것이다. 좋은 말이지만, 아무런 그림을 남기지 않는다. 합격자는 같은 질문을 이렇게 전환한다. "5년 뒤 저는 지금보다 더 세분화된 고객 데이터를 활용해, 새로운 시장을 열어가는 사람이 되고 싶습니다. 특히 최근 귀사가 강화하고 있는 해외 진출 전략과 연결해, 데이터 기반의 타깃팅 경험을 확장하고 싶습니다." 불합격자의 답변은 '좋은 사람'의 이야기이고, 합격자의 답변은 '구체적인 역할자'의 이야기다. 면접관은 후자를 들으며 "이 사람은 조직 안에서 이미 위치를 찾고 있구나"라는 심리적 안정감을 느낀다.

탈락자는 틀린 답을 하지 않았다. 그러나 맥락을 설계하지 못했다. 합격자는 같은 질문이라도 경험과 현재, 단어와 장면, 포부와 전략을 연결해 맥락을 만든다. 면접은 지식의 시험장이 아니다. **면접은 맥락 설계의 무대다.** 정답을 아는 사람은 많지만, 맥락을 설계하는 사람만이 끝까지 선택된다.

맥락형 답변의 진정한 힘은 단순한 자기 어필을 넘어서 '나와 회사의 연결 스토리'를 만드는 데 있다. 일반적인 답변은 수많은 지원자가 할 수 있는 뻔한 이야기지만, 맥락형 답변은 당신만의 독특한 경험과 회사의 특별한 상황이 만나는 지점을 보여준다. 이는 면접관으로 하여금 "이 사람은 우리 회사를 정말 이해하고 있구나", "이 사람이라면 우리가 원하는 결과를 만들어낼 수 있겠다."는 확신을 갖게 만든다. 기억에 남는 답변은 정답이 아니라 맥락에서 나온다. 당신만의 맥락을 찾아 전달할 때, 당신은 비로소 대체 불가능한 지원자가 된다.

정답을 맥락형으로 바꾸는 워크지

당신이 흔히 사용하는 일반적 답변을 면접관 기억에 남는 맥락형 답변으로 전환하는 훈련이다. 아래 3단계를 반드시 손으로 적어가며 완성하라. 직접 써보는 순간, 답변의 설득력은 배가 된다.

STEP 1: 일반적 답변 파악하기

Q 당신이 자주 사용하는 '뻔한 답변'을 솔직하게 적어보자.

일반적 답변 예시

- "저는 소통 능력이 뛰어납니다."
- "열정적으로 일합니다."
- "문제 해결 능력이 강점입니다."
- "팀워크를 중시합니다."

- 나의 일반적 답변:

STEP 2: 맥락 연결고리 발굴하기

2-1 경험 기반 증거 찾기

Q 이 강점/특성을 실제로 증명해준 구체적 경험을 적어보자.

발굴 가이드

- 언제, 어디서, 어떤 상황에서?
- 구체적으로 무엇을 했는가?
- 어떤 결과나 변화가 있었는가?

■ 나의 증명 경험:

2-2 회사 상황과의 연결점 파악

Q 그 경험에서 얻은 역량이 이 회사의 현재 상황(과제, 전략, 목표)과 어떻게 연결될 수 있는가?

연결점 분석

■ 회사가 현재 해결하려는 과제는?

■ 내 경험이 그 과제 해결에 어떻게 도움이 될까?

■ 구체적으로 어떤 기여가 가능할까?

■ 회사와의 연결점:

STEP 3: 맥락형 답변으로 재구성하기

Q STEP 1-2의 내용을 활용하여 '경험 + 맥락 + 기여'의 구조로 답변을 다시 적어보자.

변환 공식

■ 일반적 답변 → 경험 기반 증명 → 회사 상황 연결 → 구체적 기여 방안

예 Before (일반형): "저는 책임감이 강합니다."

After (맥락형): "저는 책임감을 바탕으로 한 문제 해결 능력이 강점입니다. 인턴십 중 동료의 갑작스러운 이탈로 프로젝트가 위기에 처했을 때, 업무를 재분배하고 추가 근무를 통해 기한 내 완료했습니다. 이런 경험은 현재 귀사가 추진하는 '빠른 성장과 안정적 운영의 균형' 과제에서도 즉시 발휘될 수 있다고 확신합니다."

- 나의 맥락형 답변

STEP 4: 추가 연습 – 다양한 답변 전환

4-1 연습 1: 지원동기

- 일반형: "성장 가능성이 큰 회사라서 지원했습니다."
- 맥락형 전환:

4-2 연습 2: 포부/목표

- 일반형: "전문성을 키워서 회사에 기여하고 싶습니다."
- 맥락형 전환:

4-3 연습 3: 팀워크 경험

- 일반형: "저는 팀워크를 잘합니다."
- 맥락형 전환:

STEP 5: 맥락형 답변 완성도 점검

■ 자가 진단 체크리스트

☐ 구체성: 막연한 표현 대신 구체적 상황과 행동을 포함했는가?

☐ 진정성: 실제 경험에 기반한 진실한 내용인가?

☐ 연관성: 회사의 현재 상황과 명확한 연결고리가 있는가?

☐ 차별성: 다른 지원자들과 구별되는 독특한 경험이나 관점인가?

☐ 기여성: 미래에 어떻게 도움이 될지 구체적으로 제시했는가?

■ 효과 측정 변환 전후 비교:

- 변환 전 답변의 문제점: _____

- 변환 후 답변의 강점: _____

- 예상되는 면접관 반응: _____

CHAPTER 4

모의 면접 체크리스트, 혼자서도 합격 루틴 완성하기

진짜 면접은 단 한 번의 무대지만, 그 무대에 오르기 전까지는 수십 번의 '리허설'을 할 수 있다. 문제는 대부분의 지원자가 리허설을 '암송 훈련' 정도로 여기고 끝낸다는 것이다. 거울 앞에서 같은 문장을 반복하거나, 스마트폰으로 녹음해서 목소리만 점검하는 것 등은 연습이 아니라, 자기 위안에 가깝다. 면접은 암기가 아니라 심리전이므로, 리허설 역시 심리적 환경까지 통제해야 한다.

☀️ 1단계: 심리적 환경을 통제하라

당신이 집에서만 연습하는 이유는 편안하기 때문이다. 하지만 뇌는 편안한 공간에서 최적의 퍼포먼스를 내지 못하므로, 실제 면접장에서는 낯선 조명, 낯선 의자, 낯선 공기 속에서 긴장이 시작된다. 따라서 모의 면접의 첫 번째 체크리스트는 '낯섦을 재현하는 것'이다. 도서관 회의실, 빈 강의실 같은 새로운 공간에 일부러 몸을 던져야 한다. 뇌는 장소의 공기를 바꾸는 순간, 스스로 경계 모드로 들어가고, 이 상태에서 답변을 연습해야만 진짜 면접장에서 당황하지 않는다.

또한, 혼자 연습할 때 가장 큰 맹점은 '관찰 받는 느낌'이 사라진다는 점이다. 실제 면접장에서 긴장을 유발하는 것은 질문 자체보다, 누군가 나를 뚫어지게 바라본다는 그 감각이다. 이를 극복하려면 '시선의 감시자'를 인위적으로 만들어야 한다. 카메라를 켜두고 스스로를 촬영하거나, 전신 거울 앞에 앉아라. 처음에는 어색하고 불편하겠지만, 바로 그 불편함이 훈련의 핵심이다. 뇌는 자신이 감시 당하고 있다는 착각 속에서 훨씬 더 예민하게 반응하고, 이 감각을 견디고 나면 실제 면접장의 시선 따위는 더 이상 당신을 무너뜨리지 못한다.

💡 2단계: 내적 압박을 극복하라

대부분의 지원자가 면접에서 무너지는 순간은, 답을 못해서가 아니라 시간을 의식하는 순간이다. "너무 길게 말했나?", "시간이 벌써 이렇게 지났나?"라는 불안이 스스로를 무너뜨린다. 따라서 모의 면접에서는 반드시 시간을 체크해야 한다. 스톱워치를 켜두고, 질문에 대한 답변을 20초, 30초, 40초, 60초로 나눠 연습하라. 같은 질문이라도 시간에 따라 압축력과 전개력이 달라지며, 이 훈련은 당신의 답변을 '시간의 무게' 속에서 단련시킨다. 면접장에서 면접관이 말을 끊거나 시간을 재촉해도, 당신은 이미 시계와 싸워본 경험이 있다.

한편, 많은 지원자가 연습 때는 잘 말하다가도 실제 면접에서 긴장으로 무너진다. 이유는 간단하다. 연습은 늘 '안정 모드'에서만 하기 때문이다. 하지만 진짜 무대에서는 심장 박동이 빨라지고, 손바닥에 땀이 차고, 목소리가 떨린다. 그렇다면 답은 하나다. 연습에서 일부러 긴장을 만들어야 한다. 중요한 발표 직전의 음악을 틀고, 몸을 일부러 빠르게 움직여 심장을 뛰게 한 뒤, 곧장 답변 연습을 시작하라. 이때의 떨림을 견디는 훈련이야말로 실제 면접의 공포를 무너뜨리는 가장 강력한 예방 주사다.

💡 3단계: 불안을 데이터로 관리하라

혼자 면접을 준비하는 지원자일수록 자기 검열에 시달린다. "내 표정이 이상한가?", "말이 꼬였나?", "실수하면 끝 아닌가?" 라는 불안이 리허설 자체를 무너뜨린다. 하지만 고수는 똑같은 상황을 다르게 처리한다. 그는 불안해하지 않고, 데이터로 기록한다. 카메라로 촬영한 영상을 보며 "이번 답변은 47초였다.", "시선이 세 번 흔들렸다."처럼 사실만 체크하는 것이다. 이 데이터를 쌓으면 불안은 줄고, 구체적인 개선점만 남는다. 자기 검열은 스스로를 괴롭히지만, 자기 관찰은 스스로를 단련시킨다.

모의 면접은 단순한 말하기 연습이 아니다. 그것은 심리 환경을 통제하는 훈련이다. 장소를 바꾸고, 시선을 불러오고, 시간을 압박하고, 긴장을 일부러 만들고, 데이터를 기록하는 것. 이 다섯 가지 체크리스트만 지켜도, 당신은 더 이상 혼자 연습하는 아마추어가 아니다. 당신은 스스로 면접장을 재현하고, 합격 루틴을 반복 훈련하는 전략가다. 그리고 전략가는 무대에서 절대 무너지지 않는다.

연습의 목표는 완벽한 답변을 만드는 것이 아니라, 어떤 상황에서도 자신 있게 대답할 수 있는 안정감과 자신감을 기르는 것이다. 면접은 암기한 내용을 정확히 전달하는 시험이 아니라, 당신이라는 사람을 진정성 있게 보여주는 소통의 장이다. 따라서 기계적인 완벽함보다는 자연스러운 진정성과 일관된 안정감이 더 중요하다. 꾸준한 연습을 통해 면접이 두려운 시험이 아니라 나를 표현할 수 있는 소중한 기회로 느껴질 때, 그때 당신은 진정한 면접 역량을 갖춘 것이다.

혼자서도 효과적인 면접 연습 루틴 완성하기

이 활동은 단순히 답변을 암기하는 연습이 아니라, 실제 면접의 환경과 심리적 상황을 재현하여 자신감 있고 안정적인 면접 역량을 기르는 과정이다. 매번 연습할 때마다 아래 항목들을 체크하며 꾸준히 발전시켜 나가자.

STEP 1: 환경 적응 훈련 – 다양한 공간에서의 연습
다양한 환경에서 연습해보며 적응력을 기르는 단계이다.

- 오늘의 연습 장소: ....

☐ 집 (익숙한 환경)

☐ 카페 (소음이 있는 환경)

☐ 도서관 (조용하지만 낯선 환경)

☐ 빈 강의실/회의실 (면접과 유사한 환경)

☐ 기타: ....

- 환경 적응 체크:

- 새로운 공간에서 느낀 긴장도: ☐ 높음   ☐ 보통   ☐ 낮음

- 환경이 답변에 미친 영향: ....

- 적응하는 데 걸린 시간: ....

STEP 2: 시선 안정성 훈련 – 자연스러운 아이컨택
카메라나 거울을 활용한 시선 훈련으로 면접관과의 자연스러운 소통 연습을 해라.

- 시선 훈련 도구:

☐ 스마트폰 카메라 (녹화)

☐ 웹캠/노트북 카메라

□ 거울 (직접 대면 연습)

□ 기타: ....

■ 시선 안정성 평가:

- 답변 시작 시 시선: □ 안정적　　□ 약간 흔들림　　□ 많이 흔들림

- 답변 중간 시선: □ 안정적　　□ 약간 흔들림　　□ 많이 흔들림

- 답변 마무리 시선: □ 안정적　　□ 약간 흔들림　　□ 많이 흔들림

개선점: ....

STEP 3: 시간 관리 훈련 – 적절한 답변 길이

각 질문 유형별로 적정 시간 내에 핵심을 전달하는 연습을 해라.

■ 오늘 연습한 질문: ....

■ 답변 시간 기록: .... 초

■ 시간대별 자연스러움:

□ 30초 이내 (간단명료)

□ 30~60초 (적절한 설명)

□ 60~90초 (너무 상세한 답변)

■ 시간 관리 체크:

- 시간을 의식할 때 말의 속도: □ 적절　　□ 빨라짐　　□ 느려짐

- 가장 자연스럽게 느껴진 시간대: ....

- 개선할 점: ....

STEP 4: 심리적 안정성 훈련 – 긴장 상황 대응

의도적으로 긴장 상태를 만들어 실전과 유사한 조건에서 연습을 해라.

- 긴장 유발 방법 (선택사항)

☐ 연습 전 빠른 걷기 (2~3분)

☐ 심호흡 후 즉시 답변 시작

☐ 타이머 설정 후 제한 시간 연습

☐ 기타 _____

- 긴장 상태에서의 변화:

- 목소리 변화: ☐ 없음　　☐ 약간 높아짐　　☐ 떨림 있음

- 호흡 변화: ☐ 안정적　　☐ 약간 빨라짐　　☐ 많이 빨라짐

- 전반적 답변 안정성: ☐ 유지됨　　☐ 약간 흔들림　　☐ 많이 흔들림

STEP 5: 객관적 자기 관찰 – 성장 데이터 기록

연습 과정과 결과를 객관적으로 기록하여 지속적 개선 도모하라.

- 오늘의 도전 과제:

- 가장 어려웠던 부분: _____

- 예상보다 잘된 부분: _____

- 반복적으로 나타나는 패턴: _____

- 구체적 개선 포인트:

- 다음 연습 시 집중할 영역: _____

- 보완이 필요한 답변 기법: _____

- 강화하고 싶은 강점: _____

오늘의 종합 평가 - 자기 점수 (1-10점)

- 답변 안정성: _____ 점 (흔들림 없이 일관된 답변)

- 명확성: _____ 점 (핵심 메시지가 명확히 전달)

- 자연스러움: _____ 점 (암기된 느낌 없이 대화체)

- 자신감: _____ 점 (당당하고 확신 있는 태도)

- 성장 추적

- 지난 연습 대비 개선된 점: _____

- 지속적으로 관리할 점: _____

- 다음 연습 목표: _____

- 심리적 웰빙 체크

☐ 연습 후 과도한 자기비판 하지 않기

☐ 완벽하지 않아도 괜찮다는 마음가짐 유지

☐ 점진적 개선에 집중하기

☐ 필요시 친구나 가족과 함께 연습하기

CHAPTER 5

피드백 자산화,
한 번의 실패로 합격을 배로 늘려라

💡 탈락의 고통을 기록으로 바꾸는 법

대부분의 지원자들이 탈락하고 나면 운이 없었다고 생각하며 노트를 덮는다. 그러나 어떤 사람은 그 순간을 다른 방식으로 사용하는데, 그는 면접의 결과를 소비하지 않는 대신 그것을 쌓는다. 그는 바로 **축적자**다. 심리적으로 탈락은 본능적인 방어 기제를 불러온다. 뇌는 고통을 피하려 하기에 사람은 기억을 지우거나 변명으로 덮으려 한다. 그래서 많은 지원자가 "그냥 인연이 아니었어."라는 말로 자신을 위로한다. 그러나 축적자는 정반대의 선택을 한다. 고통을 지우지 않고, 뇌가 피하고 싶어 하는 그 기억을 가장 선명한 글자로 남긴다. 왜냐하면 그것이야말로 다음 면접에서 다시 반복하지 않을 유일한 자산이 되기 때문이다. 축적자는 기록만 하는 사람이 아니라 기록을 패턴으로 바꾸는데, 세 번의 탈락에서 공통적으로 나온 피드백이 '답변이 장황하다.'라면, 그는 즉시 답변 구조를 T-F-T나 K-S-C로 훈련한다. 두 번의 면접에서 모두 "시선이 한쪽에만 고정됐다."는 지적을 받았다면, 그는 다음 면접 준비에서 반드시 '다대다 면접의 시선 분배'를 루틴에 넣는다. 피드백이 곧 훈련 계획이 되는 것이다.

💡 탈락을 데이터로, 실패를 자산으로

축적자는 탈락을 실패로 저장하지 않고, 그것을 '테스트 데이터'로 번역한다. 데이터는 감정적 낙인을 남기지 않고, 그저 현상을 기록할 뿐이다. 이런 태도 덕분에 축적자는 탈락의 횟수가 늘어날수록 더 담담해지고, 오히려 안정감이 쌓인다. 면접관은 이 안정감에서 묘한 신뢰를 느낀다. 결국 차이는 단순하다. 기록하지 않는 사람은 같은 곳에서 계속 넘어지고, 축적자는 같은 곳에서 다시는 넘어지지 않는다. 전자는 탈락을 낭비하고, 후자는 탈락을 자산으로 쌓는다. 그리고 이 자산은 면접장 안에서만 쓰이는 것이 아니다. 축적자는 이 태도를 커리어 전반으로 확장시켜, 실패를 성장의 연료로 체질화한다.

만약 이번에 합격의 기회를 잡지 못했더라도 괜찮다. 중요한 것은 결과가 아니라, **그 경험을 어떻게 다루는가**다. 오늘의 탈락을 낭비하는 사람은 내일도 같은 자리에 서겠지만, 오늘의 탈락을 자산으로 축적하는 사람은 결국 합격의 자리에 도착한다. 이 책은 바로 그 길을 함께 걷기 위한 도구다. 단번의 합격만을 위한 매뉴얼이 아니라, 실패를 경험한 순간에도 다시 펼쳐야 하는 리셋장치. 당신이 이번에 불합격했다면, 좌절하지 말고 이 챕터(피드백 자산화)로 돌아오라. 노트를 열고, 방금 경험한 질문·표정·분위기를 한 줄씩 기록하라. 그리고 앞서 배운 T-F-T 구조, K-S-C 법칙, 모의 면접 체크리스트와 연결해 보라. 그 순간 책은 단순히 읽고 끝나는 지식이 아니라, 실패를 성장으로 바꾸는 훈련장이 된다. 합격자는 한 번의 성공으로 만들어지지 않는다. 축적자만이 실패 속에서 합격을 길어 올린다.

면접 피드백의 진정한 목적은 완벽한 면접자가 되는 것이 아니라, 지속적으로 학습하고 성장하는 사람이 되는 것이다. 면접은 정답이 있는 시험이 아니라 서로를 알아가는 소통의 과정이다.

따라서 매번의 면접 경험은 당신이 더 나은 소통자이자 전문가로 성장하는 데 필요한 소중한 학습 기회다. 경험을 축적하고 학습으로 전환하는 능력 자체가 바로 면접관들이 찾는 '성장 가능한 인재'의 핵심 역량이다. 이 노트를 통해 당신은 면접뿐만 아니라 인생 전반에서 지속적으로 발전하는 사람이 되어갈 것이다.

ACTION PLAN **면접 경험 축적 및 성장 노트**

면접이 끝난 직후, 결과와 관계없이 반드시 하루 안에 작성하라. 이 활동은 단순한 복기가 아니라, 경험을 체계적으로 학습 자산으로 전환하는 '성장 중심 훈련'의 핵심 도구다. 이 노트를 통해 당신의 면접 역량은 지속적으로 향상되고, 같은 어려움은 반복되지 않는다.

STEP 1: 생생한 경험 기록 – 기억이 흐려지기 전에 보존하라

Q 오늘 면접에서 가장 인상 깊었던 순간 3가지를 구체적으로 기록해보자.

✔ **TIP!** 기록 목적: 감정과 기억이 사라지기 전에, 실제 경험한 순간들을 생생하게 보존하여 향후 준비에 활용한다.

■ 순간 1

- 질문: ....

- 면접관의 반응/분위기: ....

- 나의 답변/반응: ....

- 그때 느꼈던 감정: ....

■ 순간 2

- 질문: ....

- 면접관의 반응/분위기: ....

- 나의 답변/반응: ....

- 그때 느꼈던 감정: ....

■ 순간 3

- 질문: ....

- 면접관의 반응/분위기:

- 나의 답변/반응:

- 그때 느꼈던 감정:

STEP 2: 도전적 순간 분석 – 어려움의 원인을 구체화하라

Q 가장 어려웠거나 아쉬웠던 순간을 객관적으로 분석해보자.

✔TIP! 분석 목적: 막연한 '아쉬움'을 구체적인 개선 포인트로 전환하여 체계적인 발전을 도모한다.

■ 어려웠던 상황:

■ 구체적인 어려움의 원인

□ 질문 이해 부족 (예상하지 못한 질문)

□ 답변 준비 부족 (내용이 생각나지 않음)

□ 긴장으로 인한 실수 (말이 꼬이거나 떨림)

□ 시간 관리 실패 (너무 길거나 짧은 답변)

□ 소통 문제 (면접관과의 호흡이 안 맞음)

□ 기타:

■ 이 상황에서 배운 점:

STEP 3: 개선된 답변 재구성 – 경험을 다음 기회의 자산으로 만들라

Q STEP 2에서 파악한 어려웠던 질문에 대해, 지금이라면 어떻게 답변할지 재구
성해보자.

> ✓ **TIP!** 재구성 목적 : 어려웠던 경험을 '끝난 일'로 두지 않고, 즉시 개선된 답변으로
> 전환하여 실질적 성장으로 연결한다.

■ 원래 질문: ┈┈┈┈┈┈┈┈┈┈┈┈┈┈┈┈┈┈┈┈┈┈┈┈┈┈┈┈┈┈┈

■ 개선된 답변 (T-F-T 구조)

- T (핵심 메시지): ┈┈┈┈┈┈┈┈┈┈┈┈┈┈┈┈┈┈┈┈┈┈┈┈┈┈┈┈┈┈

- F (근거/경험): ┈┈┈┈┈┈┈┈┈┈┈┈┈┈┈┈┈┈┈┈┈┈┈┈┈┈┈┈┈┈┈

- T (마무리): ┈┈┈┈┈┈┈┈┈┈┈┈┈┈┈┈┈┈┈┈┈┈┈┈┈┈┈┈┈┈┈┈┈

■ 또는 K-S-C 구조로 압축

- K (키워드): ┈┈┈┈┈┈┈┈┈┈┈┈┈┈┈┈┈┈┈┈┈┈┈┈┈┈┈┈┈┈┈┈┈

- S (간단한 사례): ┈┈┈┈┈┈┈┈┈┈┈┈┈┈┈┈┈┈┈┈┈┈┈┈┈┈┈┈┈┈

- C (결론/연결): ┈┈┈┈┈┈┈┈┈┈┈┈┈┈┈┈┈┈┈┈┈┈┈┈┈┈┈┈┈┈┈

STEP 4: 핵심 학습 추출 – 오늘의 경험이 남긴 통찰

Q 오늘 면접을 통해 얻은 가장 중요한 깨달음을 한 문장으로 정리하자.

> ✓ **TIP!** 추출 목적 : 복잡한 면접 경험을 하나의 명확한 '성장 원칙'으로 정리하여, 유
> 사한 상황에서 즉시 떠올릴 수 있는 지침으로 만든다.

■ 오늘의 핵심 학습:

┈┈

■ 이 학습이 앞으로 어떻게 도움이 될까:

┈┈

STEP 5: 성장 의지 다짐 – 경험을 미래의 힘으로 전환

Q 오늘의 경험을 통해 당신은 어떤 면에서 더 나은 면접자가 되었는지 확인해보자.

✓TIP! 다짐 목적: 면접 결과와 무관하게 경험 자체를 성장의 발판으로 인식하며, 지속적인 발전 의지를 다진다.

■ 성장한 영역:

☐ 질문 이해 및 대응능력

☐ 답변 구조화 및 논리성

☐ 긴장 관리 및 안정감

☐ 소통 능력 및 표현력

☐ 자신감 및 당당함

☐ 기타: ....

■ 구체적인 성장 내용:

....

■ 다음 면접을 위한 실행 계획:

....

건강한 피드백 문화 가이드

■ 자기 연민과 객관성의 균형

- 과도한 자기비판 지양: '완전히 망했다'보다는 '이 부분을 개선하자'

- 현실적 기대 설정: 모든 질문을 완벽하게 답할 수는 없다는 인정

- 점진적 성장 추구: 한 번에 모든 것을 바꾸려 하지 말고 단계적 향상

■ 건설적 학습 태도

- 실패를 학습 기회로 전환: 부정적 경험도 소중한 성장 자료

- 타인과의 비교 지양: 자신만의 속도로 발전해 나가기

- 지속적 개선 마인드: 매번 조금씩이라도 나아지고 있다는 믿음

CHAPTER 6

'면접형 인간'으로 살아라, 습관이 합격을 부른다

💡 '면접형 인간'의 세 가지 습관

면접은 하루의 이벤트가 아니다. 그날만 잘하면 되는 단발성 경기가 아니라, 당신이 매일 어떻게 사고하고 어떤 태도로 하루를 보냈는지가 그 짧은 순간에 압축되어 드러날 뿐이다. 그래서 합격자는 면접 당일에 탄생하지 않고, 매일의 삶 속에서 조금씩 다져진다. 이것이 바로 '면접형 인간'의 본질이다.

면접에서 긍정적인 태도와 단어를 쓴다는 것은 단순히 '밝게 웃고 좋은 말만 하라'는 뜻이 아니다. 진짜 긍정은 순간적인 연기가 아니라, 삶의 습관에서 길러진다. 당신이 평소 작은 일에도 "고맙다"라는 말을 아끼지 않는다면, 면접장에서도 자연스럽게 존중의 언어가 나온다. 일상에서 불평보다 감사를 먼저 꺼내는 사람은, 면접관 앞에서도 상황의 어려움보다 기회의 가치를 먼저 볼 줄 안다. 긍정의 습관은 결국 뇌에 각인된 사고의 언어를 바꾸며, 그 언어는 면접이라는 극한 상황에서도 드러나 당신을 신뢰할 수 있는 사람으로 만든다. 따라서 합격을 원한다면, 먼저 일상에서 감사의 언어를 습관처럼 사용하라. 그 사소한 말들이 당신의 면접 답변을 지탱하는 근육이 된다.

또한 '면접형 인간'은 하루를 무심히 흘려보내지 않는다. 그는 잠들기 전에 스스로에게 불편하지만 피할 수 없는 질문을 던진다. "오늘 나는 어떤 행동으로 누군가의 신뢰를 얻었는가?", "오늘 나는 어떤 순간에 핑계를 대며 스스로를 합리화했는가?", "오늘 나는 내 가능성을 한걸음이라도 확장했는가?" 이 질문들은 단순히 면접 연습을 위한 점검표가 아니다. 삶의 태도, 사람과의 관계, 나 자신을 단련하는 습관을 돌아보는 의식이다. 불편한 질문을 마주하는 순간, 당신은 자기합리화가 아니라 성장의 길을 선택하게 된다. 이 습관은 단순한 반성이 아니라, 내일을 준비하는 자기 단련의 루틴이다. 스스로를 다지는 사람은 무대에 올라서도 흔들리지 않으며, 면접관은 대단한 스펙보다 매일 자신을 단단히 다져온 사람에게서 묻어나는 안정감을 감지한다.

마지막으로, 사람은 큰 약속에서가 아니라 작은 습관에서 드러난다. 책상 위에 올려둔 컵을 제자리에 두는 일, 하루 계획의 작은 할 일을 끝까지 지키는 일, 사소한 약속을 어기지 않는 태도와 같은 사소한 행동들이 모여, 면접장에서의 태도를 만든다. 답변을 시작했으면 끝까지 논리적으로 닫는 습관, 눈을 맞췄다면 끝까지 시선을 유지하는 습관, 작은 행동을 마무리하는 힘은 결국 큰 무대에서 신뢰를 만든다. 작은 행동 하나도 끝까지 책임지는 사람만이 면접에서조차 책임 있는 인재로 읽힌다.

💡 합격은 결과가 아니라 삶의 태도다

결국 면접에서 진짜 합격하는 사람은, 면접만 준비한 사람이 아니라 삶 전체를 준비한 사람이다. 감사하는 마음을 기록하고, 하루를 불편하게 돌아보고, 작은 행동을 끝까지 마무리하는 사람. 이 세 가지 습관이 쌓이면, 어느 날 면접장에 들어섰을 때, '합격 체질'이라는 아우라로 드러난다. 당신이 이 책을 덮는 순간부터 시작해야 할 일은 단순하다. 감사의 언어로 하루를 채우고, 불편한 질문으로 자신을 다지고, 작은 행동을 끝까지 완성하는 것. 그렇게 습관을 바꾸는 순간, 당신은 면접을 위해 사는 것이 아니라, 면접조차 자연스러운 삶의 일부로 만드는 면접형 인간으로 변한다. 면접은 끝나지만, 삶은 계속된다. 그리고 면접형 인간은 그 삶 전체를 합격으로 만들어낸다.

성장 습관의 진정한 의미와 목적은 완벽한 사람이 되는 것이 아니라, 지속적으로 성장하고 발전하려는 건전한 마음가짐을 기르는 것이다. 일상의 작은 성찰과 실행이 쌓여 큰 변화를 만든다. 면접뿐만 아니라 인생 전반에서 자신감 있고 성숙한 사람이 되어가는 과정 자체가 가장 소중한 성취다. 매일의 작은 노력이 당신을 더 나은 사람으로 만들어간다는 믿음을 가지고, 자신만의 속도로 꾸준히 발전해 나가자.

일상 성장 습관 체크리스트

이 책을 덮는 오늘부터, 하루의 끝에서 5분만 투자해 작성하라. 이 활동은 당신의 언어, 태도, 행동을 긍정적으로 변화시키는 데 필요한 '성장 루틴'이다. 한 장씩 쌓일수록, 당신은 더욱 성숙하고 자신감 있는 사람으로 발전해 나간다.

STEP 1: 긍정적 관점 기록

Q 오늘 하루 중에서 감사하거나 의미 있게 느꼈던 일 세 가지를 적어보자.

✔ TIP! 목적 : 부정적 사고보다 긍정적 관점이 우선하는 건전한 사고 습관을 기른다.

1. _____

2. _____

3. _____

STEP 2: 건설적 자기성찰

Q 오늘 하루를 돌아보며 자신에게 던져볼 성찰 질문에 대한 답변을 적어보자.

✔ TIP! 목적 : 자기비판이 아닌 건설적 성찰을 통해 지속적인 개선 동력을 만든다.

■ 오늘 내가 가장 잘한 일: _____

■ 오늘 개선할 수 있었던 부분: _____

■ 내일 더 나아지기 위해 시도해볼 일: _____

STEP 3: 실행력 점검

Q 완성과 지속성에 대해 체크해보자.

✔ TIP! 목적 : 작은 약속도 지키는 습관이 큰 신뢰감으로 발전한다.

■ 오늘 내가 계획한 대로 완료한 일: _____

■ 오늘 시작했지만 완료하지 못한 일: _____

- 그것을 언제까지 완료할 계획인지? --

STEP 4: 성장 의식 정리

Q 오늘의 성장 포인트를 정리하여 적어보자.

- 오늘 내가 보여준 가장 긍정적인 태도나 행동:

- 내일 더 발전하기 위해 집중할 하나의 습관:

- 이번 주 달성하고 싶은 개인적 목표:

4-1 주간 성장 추적 (일주일마다 작성)

- 이번 주의 주요 성취

☐ 새롭게 배운 것: --

☐ 개선된 습관: --

☐ 극복한 어려움: --

- 다음 주의 성장 계획

☐ 집중할 영역: --

☐ 시도할 새로운 것: --

☐ 지속할 좋은 습관: --

건강한 자기계발을 위한 가이드

- 균형 잡힌 자기성찰
- 자기비판보다 자기 이해: 실수를 통해 배우는 관점 유지
- 완벽주의 지양: 점진적 개선에 집중하기
- 현실적 기대: 하루아침에 모든 것이 바뀌지 않는다는 인정

- 지속 가능한 성장 습관
- 작은 변화의 힘: 큰 변화보다는 꾸준한 작은 개선
- 자기 돌봄: 휴식과 재충전의 중요성 인식
- 사회적 지지: 필요시 가족, 친구, 전문가의 도움 요청

- 정신적 웰빙 체크
- ☐ 과도한 자기 압박 없이 건전한 동기 유지
- ☐ 타인과의 비교보다 자신만의 성장에 집중
- ☐ 스트레스 관리와 균형 잡힌 생활 추구